え!?グルーに兄弟《きょうだい》が…!?

そして

ミニオンたちが刑《けい》務《む》所《しょ》に…!?

GRU's family

グルーの家族《かぞく》

公私《こうし》ともに相棒《あいぼう》となったグルーとルーシー。三姉妹《さんしまい》との〝親子《おやこ》〟生活《せいかつ》はまずまず順調《じゅんちょう》。いっしょに過《す》ごすうちに、ルーシーと娘《むすめ》たちとのちょっとぎこちなかった関係《かんけい》にも変化《へんか》が。

ドルー

グルーの生《い》き別《わか》れの**双子《ふたご》の兄《きょう》弟《だい》**。グルーとは違《ちが》い、**ふさふさの金髪頭《きんぱつあたま》**で**イケてる資産家《しさんか》**。

グルー

人《ひと》に嫌《いや》がらせをすることが大好《だいす》きで「世紀《せいき》の悪党《あくとう》」を目指《めざ》していたが、**三姉妹《さんしまい》に出会《であ》って改心《かいしん》**。怪盗《かいとう》をやめ、現在《げんざい》はルーシーとともに**反悪党同盟《はんあくとうどうめい》の一員《いちいん》に**。

ルーシー

反悪党同盟《はんあくとうどうめい》で**グルーの相棒《あいぼう》**となり、のちに**結婚《けっこん》**。グルー家《け》の**三姉妹《さんしまい》の“母親《ははおや》”**になろうと奮闘《ふんとう》する。

マーゴ

三姉妹《さんしまい》の**長女《ちょうじょ》**。**しっかり者《もの》**で面倒見《めんどうみ》がいい。

アグネス

三姉妹《さんしまい》の**末《すえ》っ子《こ》**。ピュアな心《こころ》の持《も》ち主《ぬし》で、**ユニコーンが大好《だいす》き**。

イディス

三姉妹《さんしまい》の次女《じじょ》。**好奇心旺盛《こうきしんおうせい》**でなんでも手《て》をつけたがる。

Minions ミニオンたち

グルーの家《いえ》におおぜいで住《す》んでいる、黄色《きいろ》い最強軍団《さいきょうしゅうだん》。実《じつ》は人類誕生《じんるいたんじょう》のはるか昔《むかし》から存在《そんざい》していて、常《つね》に最強《さいきょう》で最悪《さいあく》のボスに仕《つか》えることを目的《もくてき》としている生《い》き物《もの》。バナナといたずらが大好《だいす》きで、グルーが怪盗《かいとう》をやめたことを不満《ふまん》に思《おも》っている!?

メル

ジェリー

デイブ

バルタザール・ブラット

80年代《ねんだい》をこよなく愛《あい》している、**元《もと》テレビスター**。今《いま》は**最悪《さいあく》の怪盗《かいとう》**で、世界《せかい》を支配《しはい》したいと思《おも》っている。**肩《かた》パッド入《い》りの服装《ふくそう》**に身《み》を包《つつ》み、**風船《ふうせん》ガム**や**ルービック・キューブ**で攻撃《こうげき》をしかけてくる。

クライヴ

ブラットの**手下《てした》ロボット**。

最強《さいきょう》の悪党《あくとう》

Balthazar Bratt

STORY

あらすじ

かつては売《う》れっこ子役《こやく》…
しかし、今《いま》は

大《だい》悪《あく》党《とう》怪《かい》盗《とう》バルタザール・ブラット！

ブラットに逃《に》げられたグルーは
反《はん》悪《あく》党《とう》同《どう》盟《めい》をクビに…！？

悪党《あくとう》**バルタザール・ブラット**が世界最大《せかいさいだい》の**デュモン・ダイヤ**を盗《ぬす》んだ。現場《げんば》に急行《きゅうこう》したグルーとルーシーはブラットを取《と》り逃《に》がしてしまい、反悪党同盟《はんあくとうどうめい》を**クビ**になってしまう。

グルーが悪《あく》党《とう》に戻《もど》らないと知《し》ったミニオンたちは、

グルー家《け》を出《で》た！

家族《かぞく》に**ツラい思《おも》い**をさせ、**ミニオンたち**からも見放《みはな》された。**失意《しつい》のグルー**の前《まえ》にフリッツという男《おとこ》があらわれ、彼《かれ》から**衝《しょう》撃《げき》の事実《じじつ》**を告《つ》げられる…!!

アグネスも大好《だいす》きなユニコーンを売《う》る決意《けつい》。

そんなとき…

グルーに生《い》き別《わか》れた双子《ふたご》の兄弟《きょうだい》ドルーがいることが判明《はんめい》！

生《い》き別《わか》れた兄弟《きょうだい》のドルーから、**父親《ちちおや》が大《だい》悪党《あくとう》**だったことを明《あ》かされ、「いっしょに悪党《あくとう》になろう」と誘《さそ》われる。**怪盗《かいとう》から足《あし》を洗《あら》ったはずのグルー**だったが、ドルーの誘《さそ》いに応《おう》じてある**モノを盗《ぬす》む**ことを決意《けつい》する。

ドルーに誘《さそ》われ、グルーは悪党《あくとう》に戻《もど》ってしまうのか！？

刑務所《けいむしょ》に！？

そのとき、ミニオンは…？

怪盗グルーのミニオン大脱走

澁谷正子／著

★小学館ジュニア文庫★

1

沖合《おきあい》に浮《う》かぶ一隻《いっせき》の大型船《おおがたせん》を、ひとりの男《おとこ》がボートから双眼鏡《そうがんきょう》で観察《かんさつ》していた。

パチン！　大《おお》きくふくらんだピンクの風船《ふうせん》ガムが、男《おとこ》の口《くち》ひげの前《まえ》ではじける。

男《おとこ》の髪《かみ》はトップが短《みじか》く切《き》りそろえられ、ブラシのように突《つ》ったっている。サイドからバックにかけての髪《かみ》は長《なが》く、グリースでうしろに撫《な》でつけられており、前《まえ》から見《み》ると、なんとも独特《どくとく》なヘアスタイルだ。けれどうしろを向《む》くと、後頭部《こうとうぶ》が円形脱毛症《えんけいだつもうしょう》になっているのがわかる。

特徴的《とくちょうてき》なのは、髪《かみ》だけではない。分厚《ぶあつ》い肩《かた》パッドがついた上着《うわぎ》に、パンタロン。まるで一九八〇年代《ねんだい》のアイドル雑誌《ざっし》から抜《ぬ》けでてきたような格好《かっこう》だ。

それもそのはず、男《おとこ》は八〇年代《ねんだい》に子役《こやく》として大人気《だいにんき》だった、バルタザール・ブラッ

トなのだから。いまだにかつての栄光《えいこう》を引《ひ》きずっていて、彼《かれ》の中《なか》の時間《じかん》は、自分《じぶん》がアイドルだったときのままで止《と》まっているのだ。

一九八五年《ねん》に絶大《ぜつだい》な人気《にんき》をほこったテレビ番組《ばんぐみ》、『悪党《あくとう》ブラット』、その主役《しゅやく》が彼《かれ》だ。番組《ばんぐみ》の中《なか》のブラットは子《こ》どものくせに悪《あく》の天才《てんさい》で、さまざまな悪事《あくじ》を働《はたら》いた。相棒《あいぼう》の四角《しかく》いロボットのクライヴとともに、大人《おとな》をあの手《て》この手《て》であざむいた。

そのときの決《き》め台詞《ぜりふ》は、これだ。

〈僕《ぼく》ちゃん、ワル〜い子《こ》ちゃん！〉

〝悪党《あくとう》ブラット〟はあっという間《ま》に世界中《せかいじゅう》の人気者《にんきもの》となり、ランチボックスやフィギュアなど、さまざまな商品《しょうひん》が発売《はつばい》され、とぶように売《う》れていった。

けれど、いつまでも子役《こやく》のままではいられない。バルタザールもある日《ひ》、変声期《へんせいき》を迎《むか》え、さらにニキビ面《づら》となり、子役《こやく》としての愛《あい》らしさを失《うしな》い、通用《つうよう》しなくなった。

テレビの世界《せかい》は無慈悲《むじひ》だ。子《こ》どもが悪事《あくじ》を働《はたら》くからこそ面白《おもしろ》かった『悪党《あくとう》ブラット』は、バルタザールの成長《せいちょう》とともに、シーズン3《スリー》で打《う》ち切《き》りとなった。

ハリウッドから締《し》めだされたバルタザールは、あっという間《ま》に世間《せけん》から忘《わす》れさられた。そして坂道《さかみち》を転《ころ》がり落《お》ちていき、ついに本物《ほんもの》の〝悪党《あくとう》ブラット〟になってしまった。落《お》ちぶれ果《は》て、ほんとうの悪党《あくとう》になったのだ。

双眼鏡《そうがんきょう》を目《め》から離《はな》すと、バルタザールは、いっしょにボートに乗《の》っている子役時代《こやくじだい》からの相棒《あいぼう》、ロボットのクライヴに話《はな》しかけた。クライヴは顔《かお》と胴体《どうたい》が四角《しかく》で両目《りょうめ》は赤《あか》く、右《みぎ》の耳《みみ》からはアンテナが突《つ》きでている。

「なあ、クライヴ。テレビで悪党《あくとう》を演《えん》じるより、本物《ほんもの》の悪党《あくとう》のほうがずっとやりがいがあるぜ。さあ、強盗《ごうとう》にふさわしいバックミュージックを頼《たの》む！」

『ハイ、スグニ』

クライヴは、ボートに備《そな》えつけられている昔懐《むかしなつ》かしいカセットデッキに、テープを入《い》れた。すると、ムーディーでロマンチックな音楽《おんがく》、ベルリンの『愛《あい》は吐息《といき》のように』が流《なが》れてきた。

「これが強盗《ごうとう》にふさわしい音楽《おんがく》か！」

バルタザールは、いきりたった。クライヴはあわてて、テープを裏《うら》がえした。流《なが》れてきたのは、マイケル・ジャクソンの『Bad《バッド》』だ。

今度《こんど》はバルタザールも、ノリノリになった。まさにこれこそ、これから強盗《ごうとう》を働《はたら》こうっていう俺様《おれさま》にふさわしい音楽《おんがく》だぜ、イエーイ！

バルタザールはボートのへりに立《た》った。スキューバダイビング用《よう》の足《あし》ヒレと、頭部《とうぶ》をすっぽり覆《おお》う——目《め》の部分《ぶぶん》だけがあいている——白《しろ》いマスクをつけた。いよいよ悪《あく》党《とう》としての活動開始《かつどうかいし》だ。胸《むね》が躍《おど》る。

ボートのへりから高《たか》くジャンプし、くるくる回転《かいてん》しながら、海《うみ》にとびこんで泳《およ》いだ。大型船《おおがたせん》の近《ちか》くまで行《い》くと、海中《かいちゅう》からとびあがり、マイケル・ジャクソンばりのムーンウォークで、海《うみ》の上《うえ》を大型船《おおがたせん》に向《む》かって歩《ある》きだした。そうして船体《せんたい》に背中《せなか》をはりつけ、そのままずるずるとのぼっていった。

甲板《かんぱん》のすぐ下《した》までのぼると、前《まえ》に向《む》きなおり、マスクをはずした。口《くち》の中《なか》から風船《ふうせん》ガムを取《と》りだし、甲板《かんぱん》にほうる。

甲板《かんぱん》を警備《けいび》していた兵士《へいし》がガムを踏《ふ》んだ。そのとたん、ガムはブワーンと大《おお》きくふくらみ、兵士《へいし》の体《からだ》を包《つつ》みこんだ。バルタザール特製《とくせい》のガム兵器《へいき》だ。

「ウワッ、なんだ？」

兵士《へいし》はあわてたが、身動《みうご》きができない。

今《いま》だ！　バルタザールは甲板《かんぱん》にとびのり、ガムに呑《の》みこまれた兵士《へいし》を尻《しり》で突《つ》きとばし、近《ちか》くの船室《せんしつ》に押《お》しこんだ。船室《せんしつ》の中《なか》でガムはさらに大《おお》きくふくらみ、近《ちか》くにいた兵士《へいし》たちを次々《つぎつぎ》、押《お》したおしていく。

バルタザールは甲板上《かんぱんじょう》のハッチをあけ、中《なか》にとびこんだ。

さあ、お宝《たから》が待《ま》ってるぜ！

2

こちらは、反悪党同盟《はんあくとうどうめい》の会議室《かいぎしつ》。反悪党同盟《はんあくとうどうめい》とは、地球規模《ちきゅうきぼ》の犯罪《はんざい》と戦《たたか》う極秘組織《ごくひそしき》だ。会議室《かいぎしつ》の巨大《きょだい》なスクリーンには、大型船《おおがたせん》が賊《ぞく》に襲《おそ》われる映像《えいぞう》が流《なが》れていた。

「何者《なにもの》かが船内《せんない》に侵入《しんにゅう》しました。モンスターが！」

同盟《どうめい》の会長《かいちょう》、サイラス・ラムズボトムに、女性職員《じょせいしょくいん》が早口《はやくち》で告《つ》げる。スクリーン上《じょう》に、賊《ぞく》の映像《えいぞう》があらわれた。

「あれはモンスターじゃない！」

サイラスは声《こえ》を荒《あら》らげた。

「あんな肩《かた》パッドのついた、時代遅《じだいおく》れのセンスの悪党《あくとう》はただひとり、バルタザール・ブラットだけだ。まずいぞ。船《ふね》にはデュモン・ダイヤがある。近《ちか》くにいる捜査官《そうさかん》は全《ぜん》員《いん》、現場《げんば》に急行《きゅうこう》せよ！」

サイラスはマイクを片手《かたて》でつかむと、大声《おおごえ》で告《つ》げた。


「ヘッヘ〜！　ホッホ〜！」

海中《かいちゅう》では、ミニオンのジェリーとその相棒《あいぼう》が、ミニ潜水艦《せんすいかん》に乗《の》ってはしゃいでいた。その横《よこ》を、二隻《にせき》のミニ潜水艦《せんすいかん》がとばしていく。一方《いっぽう》には、黒《くろ》ずくめの服《ふく》に黒《くろ》と灰色《はいいろ》のストライプ柄《がら》のマフラーを巻《ま》いたスキンヘッドの男《おとこ》が乗《の》っている。これがグルーだ。

もう一方《いっぽう》には、青《あお》い服《ふく》を着《き》た赤《あか》い髪《かみ》の女《おんな》が乗《の》っている。こちらはルーシー。ふたりのミニ潜水艦《せんすいかん》はロケット型《がた》をしており、船体《せんたい》の前部《ぜんぶ》はガラス張《ば》りで、無線機《むせんき》がついている。

ふたりは反悪党同盟《はんあくとうどうめい》の捜査官《そうさかん》として、ちょうど海中《かいちゅう》をパトロールしているところだった。

かつては大悪党《だいあくとう》として名《な》を馳《は》せていたグルーだが、ひょんなことからマーゴ、イディス、アグネスの三姉妹《さんしまい》の父親《ちちおや》となったため、悪事《あくじ》からはいっさい手《て》を引《ひ》いた。そして、反悪党同盟《はんあくとうどうめい》の捜査官《そうさかん》ルーシーと出会《であ》って恋《こい》に落《お》ち、結婚《けっこん》。今《いま》はふたりで捜査官《そうさかん》の仕事《しごと》をしている。

サイラスからの無線《むせん》を聞《き》いて、ルーシーは奮《ふる》いたった。

「チーム・グルーシーが、急行《きゅうこう》します！」

「よっしゃ！　ちょっと待《ま》て。今《いま》なんて言《い》った？」

隣《となり》のミニ潜水艦《せんすいかん》から、グルーが無線《むせん》でたずねた。

「チーム・グ、グ、グルーシーよ。グルーとルーシーをくっつけたの」

「ハハ、そいつはいい」

グルーは笑《わら》ったあと、真顔《まがお》で言《い》いそえた。

「ちょい、イマイチだな」

海中《かいちゅう》を急《いそ》いでいくうちに、ようやく大型船《おおがたせん》に近《ちか》づいた。船体《せんたい》の甲板《かんぱん》には、巨大《きょだい》にふくらんだピンクの風船《ふうせん》ガムが見《み》える。バルタザールの悪事《あくじ》の象徴《しょうちょう》だ。

バルタザールは棒《ぼう》をつたって船内《せんない》におりると、八〇年代《ねんだい》に流行《りゅうこう》したダンスステップを踏《ふ》みながら、歩《ある》きだした。すぐ横《よこ》のドアから、兵士《へいし》があらわれる。

「止《と》まれ！」

だが、大《おお》きくふくらんだピンクのガムに、兵士《へいし》は行《ゆ》く手《て》をはばまれた。バルタザールは何事《なにごと》もなかったかのような顔《かお》で、歩《ある》きつづける。別《べつ》のドアがあき、あらたな兵士《へいし》が叫《さけ》んだ。

「床《ゆか》に伏《ふ》せろ！」

その兵士《へいし》も、ふくらんだガムに前《まえ》をふさがれた。バルタザールは鼻歌《はなうた》を口《くち》ずさみながら、指《ゆび》を鳴《な》らし、腰《こし》をふりふり進《すす》んでいく。行《ゆ》く手《て》に大《おお》きなドアが見《み》えてきた。ドアを守《まも》っている兵士《へいし》がふたり、とびかかってきたが、バルタザールは一撃《いちげき》でふたりとも倒《たお》し、中《なか》に入《はい》った。

その船室《せんしつ》の奥《おく》にはどっしりとした金庫《きんこ》がある。

あそこにダイヤがしまってあるんだな。

バルタザールはピンクのヨーヨーを取《と》りだすと、金庫《きんこ》に向《む》けて投《な》げた。ヨーヨーの紐《ひも》で金庫《きんこ》をぐるぐる巻《ま》きにする。と、紐《ひも》が光《ひか》り、金庫《きんこ》が砕《くだ》けた。中《なか》から、キラキラ輝《かがや》くピンクの巨大《きょだい》ダイヤ――デュモン・ダイヤ――があらわれたのだ。

やったぞ！　バルタザールは、踊《おど》りながらダイヤに近《ちか》づいた。

ダイヤを手《て》にした瞬間《しゅんかん》、

「動《うご》くな！」

「両手《りょうて》をあげろ！」

背後《はいご》から次々《つぎつぎ》に兵士《へいし》たちがあらわれた。兵士《へいし》たちは銃《じゅう》を向《む》け、口々《くちぐち》に叫《さけ》んだ。が、バルタザールは不敵《ふてき》な笑《え》みを浮《う》かべると、ダイヤを抱《かか》えたままくるりと振《ふ》りかえり、兵士《へいし》たちに向《む》けて何《なに》かを投《な》げつけた。

立方体《りっぽうたい》のパズル、ルービック・キューブだ。

兵士《へいし》たちは、呆気《あっけ》に取《と》られた。が、次《つぎ》の瞬間《しゅんかん》、キューブが爆発《ばくはつ》！

「ウワア！」

悲鳴《ひめい》があがった。


まんまとダイヤを奪《うば》ったバルタザールは、甲板《かんぱん》に戻《もど》ると、くるりと回転《かいてん》した。この世《よ》で俺《おれ》に勝《か》てるやつはいない。意気揚々《いきようよう》と海《うみ》に目《め》をやると、何《なに》かが猛《もう》スピードでこちらに向《む》かってくる。反悪党同盟《はんあくとうどうめい》のグルーだ。

「またしても、俺《おれ》の勝《か》ちだな、グルー！」

バルタザールは、軽《かる》い足取《あしど》りで甲板《かんぱん》の階段《かいだん》をのぼっていった。

グルー、ルーシー、ミニオンのジェリーと相棒《あいぼう》は、猛《もう》スピードで大型船《おおがたせん》を追《お》いかけていた。

と、船《ふね》がフワフワ空《そら》に浮《う》かんでいくではないか。風船《ふうせん》ガムの浮力《ふりょく》だ。

「やつが逃《に》げるぞ！」

グルーは叫《さけ》んだ。

「そうはさせないわ」

ルーシーは目《め》の前《まえ》のボタンを押《お》した。すると、それぞれのミニ潜水艦《せんすいかん》が変身《へんしん》し、大《おお》きな前輪《ぜんりん》と後輪《こうりん》がついた水上《すいじょう》バイクになったのだ。

水上《すいじょう》バイクにまたがったまま、ルーシー、グルー、ミニオンたちは海上《かいじょう》にとびあがった。

「ヒャッホー！」

ミニオンたちは大《おお》はしゃぎだ。

「間《ま》に合《あ》わないかもしれない！」

ルーシーは遠《とお》ざかっていく大型船《おおがたせん》を見《み》て、あせった。

「いや、間《ま》に合《あ》ってみせる！」

グルーは水上《すいじょう》バイクで海上《かいじょう》を突《つ》っきり、空《そら》に浮《う》かんでいる大型船《おおがたせん》の船底《せんてい》に手《て》を伸《の》ばした。……が、届《とど》かなかった。

それを見《み》てルーシーは、バイクのハンドルを大《おお》きく切《き》って、グルーたちの水上《すいじょう》バイクと向《む》きあった。そして、ハンドル横《よこ》のボタンを、指《ゆび》で押《お》した。

「準備《じゅんび》はいい？」

「なんの準備《じゅんび》だ？」

そのとたん、ルーシーのバイクの先端《せんたん》からジェット気流《きりゅう》が噴射《ふんしゃ》され、グルーやミニオンたちはふっとばされた。

「ウワ〜！」

グルーは大型船《おおがたせん》の甲板《かんぱん》に着地《ちゃくち》したが、体《からだ》の軽《かる》いミニオンたちは船《ふね》をとびこえ、はるか彼方《かなた》のビーチに落下《らっか》した。日光浴《にっこうよく》をしていた観光客《かんこうきゃく》たちは、突然空《とつぜんそら》から黄色《きいろ》い物体《ぶったい》が降《ふ》ってきて、びっくり。目《め》をぱちくりさせた。

なんなの、この黄色《きいろ》い生《い》き物《もの》は？

ペッペッ、ジェリーと相棒《あいぼう》は口《くち》からビーチの砂《すな》を吐《は》きだした。が、近《ちか》くにいた水着《みずぎ》姿《すがた》の美女《びじょ》ふたりが心配《しんぱい》そうにのぞきこんでいることに気《き》づき、声《こえ》をかけた。

「ベロー」

ハローの意味《いみ》だ。

「ふたりとも、かわいい！」

美女《びじょ》たちに言《い》われ、ジェリーたちはメロメロになった。


さて、甲板《かんぱん》ではグルーがバルタザールを探《さが》していた。ルーシーは水上《すいじょう》バイクにまたがったまま、海上《かいじょう》から見守《みまも》っている。

「やあ、グルー」

振《ふ》りかえると、手《て》すりにバルタザールが腰《こし》かけていた。バルタザールはひらりと甲《かん》板《ぱん》におりたつと、巨大《きょだい》ダイヤを左手《ひだりて》で抱《かか》え、グルーに近《ちか》づいた。

「どうだ？　世界一《せかいいち》の大悪党《だいあくとう》から世界最低《せかいさいてい》の捜査官《そうさかん》になった気分《きぶん》は？」

そう言《い》うなり、銃《じゅう》を突《つ》きだした。

「面白《おもしろ》いこと、言《い》ってくれるじゃないか。でも、そういうことはテレビで言《い》えよ。あ、そうか！　テレビから干《ほ》されたんだったな」

グルーは皮肉《ひにく》を言《い》うなり、パンチを繰《く》りだして、バルタザールの右手《みぎて》から銃《じゅう》を叩《たた》きおとした。すかさず、自分《じぶん》の大型銃《おおがたじゅう》を取《と》りだす。だが、今度《こんど》はバルタザールが回転《かいてん》キックで、グルーの手《て》から銃《じゅう》を叩《たた》きおとし、前《まえ》よりさらに大《おお》きな銃《じゅう》をかまえた。

そうはいくか！　グルーはふたたびパンチを見舞《みま》い、またしてもバルタザールの銃《じゅう》を叩《たた》きおとした。そうして自分《じぶん》の銃《じゅう》を取《と》りだした……つもりだったが、それはおもちゃの水鉄砲《みずでっぽう》だった。ピュッ。銃口《じゅうこう》から水《みず》がとびでる。

「クソッ、娘《むすめ》たちだ……」

三姉妹《さんしまい》のいたずらと知《し》り、グルーは歯《は》ぎしりして水鉄砲《みずでっぽう》をほうりなげた。こうなったら、素手《すで》で戦《たたか》うしかない。パンチを繰《く》りだすも、バルタザールはひょいと、グルーの攻撃《こうげき》をかわした。

ハッ！　ホッ！　ふたりはパンチを見舞《みま》い合《あ》ったが、互《たが》いにすばやく身《み》をかわし、なかなか命中《めいちゅう》しない。

「ダンス・バトルだ！」

バルタザールはつま先立《さきだ》ちで、小刻《こきざ》みなステップを踏《ふ》みだした。踊《おど》りながら戦《たたか》おうということだ。

その見事《みごと》な足《あし》さばきに思《おも》わず見《み》とれていたグルーだが、はっと我《われ》にかえって右手《みぎて》でパンチを放《はな》った。命中《めいちゅう》！　自分《じぶん》の踊《おど》りに酔《よ》いしれていたバルタザールは、呆気《あっけ》なくのびた。

たわいもないやつめ！　グルーは、甲板《かんぱん》に転《ころ》がったダイヤモンドを拾《ひろ》いあげ、高笑《たかわら》いをした。元大悪党《もとだいあくとう》のこの俺様《おれさま》に、敵《かな》うわけないじゃないか。

さっそく無線《むせん》で告《つ》げる。

「こちらアルファチーム。ダイヤは奪《うば》いかえした。回収《かいしゅう》にきてくれ」

「了解《りょうかい》。接近中《せっきんちゅう》です」

やがて、大型船《おおがたせん》に近《ちか》づいてくるヘリコプターが見《み》えた。反悪党同盟《はんあくとうどうめい》がグルーの援護《えんご》に駆《か》けつけたのだろう。今《いま》や大型船《おおがたせん》は、ビル街《がい》に浮《う》かんでいる。……と、

「よう、グルー！」

思《おも》わぬ声《こえ》に、ハッと振《ふ》りかえった。バルタザールが、キーボードを肩《かた》からバンドで吊《つ》りさげ、立《た》っている。ムムッ、いつの間《ま》に？　グルーは驚《おどろ》いた。

「俺《おれ》が気絶《きぜつ》したと思《おも》ってたのか？　あれは演技《えんぎ》だ、まぬけめ。俺《おれ》が演技派《えんぎは》だったこと、

忘《わす》れたのか？」

ジャーン！　バルタザールがキーボードをかき鳴《な》らすと、キーボードの先端《せんたん》から突《とっ》風《ぷう》が噴《ふ》きでて、グルーは甲板《かんぱん》の端《はし》までふっとばされてしまった。このままじゃ、落《お》ちてしまう！　何《なに》しろ船《ふね》は、空《そら》に浮《う》かんでいるのだ。落《お》ちたら一巻《いっかん》の終《お》わりだ。

グルーは必死《ひっし》に片手《かたて》を伸《の》ばし、甲板上《かんぱんじょう》のハッチの取《と》っ手《て》をつかんだ。

風《かぜ》の凄《すさ》まじさで、服《ふく》が次々《つぎつぎ》と体《からだ》から剥《は》ぎとばされていく。シャツが……ズボンが……靴下《くつした》が……そして、ドクロ模様《もよう》のパンツまで。ついに手《て》が取《と》っ手《て》から離《はな》れた。グルーは、甲板《かんぱん》の端《はし》でふくらんでいる風船《ふうせん》ガムの中《なか》にすっとばされた。

パチン！　ガムが割《わ》れた。

体《からだ》じゅうガムでべとべとになった。が、ガムのおかげでグルーは船《ふね》から落下《らっか》しないですんだ。体《からだ》のところどころをガムで覆《おお》われたまま、甲板《かんぱん》から吊《つ》りさがっている。それを見《み》て、バルタザールは勝《か》ちほこったように笑《わら》った。

「僕《ぼく》ちゃん、ワル～い子《こ》ちゃん！　ハーッハッハ！」

そのとき、上空《じょうくう》でヘリコプターが停止《ていし》し、捜査官《そうさかん》たちがロープをつたって甲板《かんぱん》におりてきた。

「そこを動《うご》くな！」

チームのリーダーが叫《さけ》んだ。

「ふん、お邪魔虫《じゃまむし》が！」

バルタザールは甲板《かんぱん》からジャンプした。肩《かた》パッドが翼《つばさ》のように広《ひろ》がる。そのまま空《そら》を舞《ま》いながら、声《こえ》をかけた。

「これで終《お》わりだと思《おも》うなよ、グルー！　聞《き》こえたか？　勝負《しょうぶ》はまだついてない！」

ガムがレオタードのように素《す》っ裸《ぱだか》のグルーを覆《おお》い、なんともみっともない格好《かっこう》だ。

が、とりあえず、ダイヤは死守《ししゅ》できた。

船《ふね》の動《うご》きにつれて、グルーも甲板《かんぱん》からぶらさがったまま、ゆらゆら揺《ゆ》れている。やがて、とあるビルの窓《まど》の前《まえ》にさしかかった。そこでは誕生《たんじょう》パーティがおこなわれているらしい。〝ハッピー・バースデイ・ダン〟の横断幕《おうだんまく》がかかり、三角帽《さんかくぼう》をかぶった人《ひと》たちが、飲《の》み物《もの》のカップを手《て》にしている。

裸《はだか》でガムに巻《ま》かれたままぶらさがっているグルーを見《み》て、みんなの目《め》が点《てん》になった。

チェッ、しかたない。

「ハッピーバースデイ、ダーン♪」

グルーは窓《まど》の前《まえ》を横切《よこぎ》りながら歌《うた》った。パーティに参加《さんか》している人々《ひとびと》はとんだゲストに大喜《おおよろこ》びで、パシャパシャ写真《しゃしん》を撮《と》っている。

その様子《ようす》をビーチから双眼鏡《そうがんきょう》で見《み》ていたジェリーは、大喜《おおよろこ》びだ。

「ヒャハハハ！」

笑《わら》っていると、横《よこ》から相棒《あいぼう》につつかれた。彼《かれ》らの前《まえ》には、ディスクジョッキー用《よう》の機材《きざい》が並《なら》んでいる。

「ドラー！」

ジェリーが大声《おおごえ》で叫《さけ》んで両手《りょうて》をあげると、周囲《しゅうい》にいたビーチの人々《ひとびと》もいっせいに歓《かん》声《せい》をあげた。たちまち、ディスコ大会《たいかい》になり、ビーチじゅうの人《ひと》が踊《おど》りはじめた。

3

オープンカーに乗《の》った若者《わかもの》が、交差点《こうさてん》で停《と》まった。車《くるま》からは、ヒップホップの音楽《おんがく》が大《おお》きな音《おと》で流《なが》れている。やがてその横《よこ》に、巨大《きょだい》な戦闘機《せんとうき》のような形《かたち》をした車《くるま》が停止《ていし》した。運転席《うんてんせき》にはグルー、助手席《じょしゅせき》にはルーシーが乗《の》っている。

グルーはぼやいた。

「バルタザールにまた逃《に》げられた。まったく腹《はら》が立《た》つったらない。それだけじゃない。あいつの気取《きど》った態度《たいど》もいけすかない！」

バルタザールの決《き》め台詞《ぜりふ》、『僕《ぼく》ちゃん、ワル〜い子《こ》ちゃん！』を思《おも》い出《だ》すと、よけいに腹《はら》が立《た》つ。いい歳《とし》をして、何《なに》が〝ワル〜い子《こ》ちゃん〟だ！　スターだった過去《かこ》の栄光《えいこう》をいつまで引《ひ》きずっているんだ、まったく！

グルーは隣《となり》で停止《ていし》している若者《わかもの》の車《くるま》に横《よこ》からぶつかり、車体《しゃたい》をふっとばした。こうでもしないと、怒《いか》りの虫《むし》がおさまらないからだ。

やがて、ふたりは一軒《いっけん》の建物《たてもの》に入《はい》った。受付《うけつけ》には猫《ねこ》がうじゃうじゃいる。

「エドナ、どうも」

ルーシーが声《こえ》をかけた。ドアをあけて、奥《おく》の部屋《へや》に向《む》かった。グルーはまだ怒《いか》りがさめやらない様子《ようす》で、ぶつぶつ文句《もんく》を言《い》いつづけている。

「あんな恥《はじ》をかいたことはない。風船《ふうせん》ガムが股《また》に食《く》い込《こ》んだ姿《すがた》で宙吊《ちゅうづ》りにされたんだぞ！　おまけに今週《こんしゅう》はジムに行《い》く時間《じかん》もなかったし、今朝《けさ》メシを食《く》いすぎて腹《はら》が苦《くる》しい」

ふたり並《なら》んでソファに座《すわ》ると、グルーはひじ掛《か》けにあるセンサーに右手《みぎて》を置《お》いた。とたんに、ソファの下《した》から棒《ぼう》が伸《の》びて、グルーとルーシー、猫《ねこ》をのせたまま、ソファが天井《てんじょう》に向《む》かってぐんぐん上昇《じょうしょう》していった。すると建物《たてもの》の屋根《やね》が左右《さゆう》に割《わ》れ、そこからソファが空《そら》に向《む》かって伸《の》びていく。

そのあいだも、グルーはずっとぼやいていた。

「話題《わだい》にする価値《かち》もないやつだ。あいつの話《はなし》をするだけ、息《いき》がもったいない」

そう言《い》いながらも、グルーは話《はなし》をやめなかった。

「この次《つぎ》あいつに会《あ》ったら、ムーンウォークで顔《かお》を踏《ふ》みつぶしてやる！」


空《そら》にぽっかり浮《う》かぶ飛行船《ひこうせん》のハッチがあき、ソファは中《なか》に吸《す》いこまれていった。反《はん》悪党同盟《あくとうどうめい》の飛行船《ひこうせん》だ。

中《なか》は会議場《かいぎじょう》で、捜査官《そうさかん》で埋《う》めつくされている。部屋《へや》の真《ま》ん中《なか》だけ空間《くうかん》があり、そこは壇《だん》になっている。前後左右《ぜんごさゆう》をぐるりと捜査官《そうさかん》に囲《かこ》まれ、会長《かいちょう》のサイラスが壇上《だんじょう》にのぼった。

「本部《ほんぶ》から新《あたら》しい会長《かいちょう》が派遣《はけん》されてくる」

サイラスのことばに、捜査官《そうさかん》たちはハッと息《いき》を呑《の》んだ。サイラスが会長《かいちょう》を辞《や》める？ 席《せき》にいたグルーとルーシーも、驚《おどろ》きで声《こえ》も出《で》なかった。

「彼女《かのじょ》はひじょうにデキる女性《じょせい》だ。野心家《やしんか》でもある。その名《な》は、ミス・ヴァレリー・

ダ・ヴィンチ！」

サイラスは片手《かたて》を差《さ》しだし、新《あたら》しい会長《かいちょう》を呼《よ》んだ。カッカッカッとヒールの音《おと》を響《ひび》かせながら、ひとりの女《おんな》が壇《だん》にあらわれた。腰《こし》までとどくほど長《なが》い金髪《きんぱつ》。体《からだ》にピタリとしたミニドレス。真《ま》っ赤《か》な口紅《くちべに》。鷲《わし》のような鼻《はな》が、野心家《やしんか》ということばにぴったりだ。

「捜査官諸君《そうさかんしょくん》の顔《かお》を見《み》ていると、たくさんの思《おも》い出《で》が浮《う》かんでくる――」

サイラスが未練《みれん》たっぷりに言《い》うと、ヴァレリーがぴしゃりとさえぎった。

「ハイ。そこまで。もうたくさんよ。あなたは老《お》いぼれの太《ふと》っちょで、もう使《つか》いものにならないの！」

ヴァレリーにぐいぐい押《お》され、サイラスの体《からだ》は、壇上《だんじょう》の床《ゆか》にあいた小《ちい》さな穴《あな》に押《お》しこまれてしまった。

とんでもない強者《つわもの》があらわれた！　新《あたら》しい会長《かいちょう》を迎《むか》えるために立《た》ちあがった捜査官《そうさかん》たちのあいだに、緊張《きんちょう》が走《はし》る。

「はい、一丁《いっちょう》あがり！」

ヴァレリーは両手《りょうて》をパンパンと叩《たた》き、鋭《するど》い目《め》で会議場《かいぎじょう》を見《み》まわした。

「使《つか》えない捜査官《そうさかん》のグルーはどこ？」

「ア〜……俺《おれ》だけど」

グルーはおずおずと答《こた》えた。

「けど、あんたに〝使《つか》えない〟呼《よ》ばわりされる覚《おぼ》えはないが――」

グルーが言《い》いおわらないうちに、携帯電話《けいたいでんわ》が鳴《な》った。なんだ？　グルーはズボンの尻《しり》ポケットから携帯《けいたい》を取《と》りだした。ディスプレイに、愛《あい》する三姉妹《さんしまい》が映《うつ》しだされた。

「娘《むすめ》たちからだ！」

なんて間《ま》の悪《わる》い！　グルーは心《こころ》の中《なか》でうめいた。

「ちょっと！」

携帯《けいたい》から顔《かお》をあげると、目《め》の前《まえ》にヴァレリーが怖《こわ》い顔《かお》で立《た》っている。

「どうしてバルタザール・ブラットを逃《に》がしたりしたの？　反悪党同盟《はんあくとうどうめい》でいちばんのお尋《たず》ね者《もの》じゃない！　逃《に》がすんじゃやなく、捕《つか》まえなくちゃいけないのよ！」

その剣幕《けんまく》に、グルーは思《おも》わず一歩《いっぽ》あとずさった。

「わかった、わかった。そりゃ、たしかにやつは逃《に》げたさ。でも、ダイヤは奪《うば》われなかった。あともうちょっとで捕《つか》まえられるところだったんだ。あとちょっとで！」

グルーは両手《りょうて》の人差《ひとさ》し指《ゆび》を立《た》て、近《ちか》づけた。〝あとちょっと〟を示《しめ》すために。けれど、そんなことで心《こころ》を動《うご》かされるヴァレリーではない。

「ふん、あんたはクビよ！」

と、冷《つめ》たく言《い》いはなった。

「なんだって？」

グルーはギョッとした。横《よこ》にいるルーシーが食《く》ってかかった。

「そんな！　グルーみたいな優秀《ゆうしゅう》な捜査官《そうさかん》をクビだなんて！　だったら、このわたしもクビにしてみなさいよ。ちょっとおねえさん、その覚悟《かくご》はある？」

ルーシーは、ヴァレリーをにらみつけた。

数分後《すうふんご》、飛行船《ひこうせん》のハッチが開《ひら》いた。すぐ外《そと》は空《そら》だ。

ウワ～！　グルーとルーシーは捜査官《そうさかん》たちに羽交《はが》い絞《じ》めにされたまま、ハッチから突《つ》きおとされた。ルーシーのパラシュートはうまく開《ひら》いたが、グルーはパラシュートの紐《ひも》でぐるぐる巻《ま》きになっている。

「どうやら、ヴァレリーは本気《ほんき》でわたしたちをクビにしたみたいね」

ルーシーはつぶやいた。

4

グルーとルーシーは、とぼとぼと夜道《よみち》を歩《ある》いていた。反悪党同盟《はんあくとうどうめい》をクビになった事《じ》実《じつ》が、ふたりの肩《かた》に重《おも》くのしかかる。

沈黙《ちんもく》を破《やぶ》るように、グルーが口《くち》を開《ひら》いた。

「ルーシー、きみまでいっしょに辞《や》めることなかったんだ。あんなに仕事《しごと》が大好《だいす》きだったのに」

「でも、あなたのほうが好《す》きだもの」

そのことばを聞《き》いて、グルーはジーンとなった。ルーシーがいかに仕事《しごと》を愛《あい》していたか、誰《だれ》よりも知《し》っているからだ。俺《おれ》があのバルタザールを逃《のが》したばかりに……あの野郎《やろう》、今度会《こんどあ》ったら、ただじゃおかないぞ！

やがて、自宅《じたく》の前《まえ》にさしかかった。

「同盟《どうめい》をクビになったこと、娘《むすめ》たちに言《い》わなくちゃ」

ルーシーが言《い》った。

「グルー、あなたから伝《つた》えてくれる？　こういうことは母親《ははおや》の仕事《しごと》かもしれないけど、わたし、ママになってまだ日《ひ》が浅《あさ》いから」

「ああ、いいよ」

ふたりは玄関《げんかん》に向《む》かった。……おや、ドアが少《すこ》しあいているぞ。こんなこと、なかったのに。グルーの胸《むね》に不安《ふあん》が押《お》しよせる。

「チ、チ、チ」

グルーは舌《した》を鳴《な》らし、両手《りょうて》で口《くち》を叩《たた》き、

「ホホー、ホホー」

フクロウの口真似《くちまね》をした。ルーシーはたちまち、その意味《いみ》を理解《りかい》した。〝緊急事態《きんきゅうじたい》発生《はっせい》〟の合図《あいず》だ。

よーし！

さっとドアをあけ、ふたりは中《なか》にとびこんだ。すばやく左右《さゆう》を見《み》まわす。家《いえ》の中《なか》は、真《ま》っ暗《くら》だ。賊《ぞく》の気配《けはい》は感《かん》じられない。と、そのとき、

「わ〜！」

「キャ〜！」

グルーは頭《あたま》から袋《ふくろ》をかぶされ、ルーシーは帯《おび》のようなもので目隠《めかく》しをされた。そのまま椅子《いす》に乗《の》せられ、体《からだ》を突《つ》きとばされ、ふたりは家《いえ》の中《なか》を突《つ》っきっていった。そして裏口《うらぐち》のドアを抜《ぬ》け、裏庭《うらにわ》に出《で》た。

と、袋《ふくろ》と目隠《めかく》しがはずされた。なんと、ふたりを襲《おそ》った犯人《はんにん》は、マーゴ、イディス、アグネスの三姉妹《さんしまい》だった。

黒縁《くろぶち》の眼鏡《めがね》をかけ、黒髪《くろかみ》をうしろで束《たば》ねているのが、長女《ちょうじょ》のマーゴ。金髪《きんぱつ》にピンク

のストライプのニット帽《ぼう》がトレードマークの次女《じじょ》のイディス。そして黒髪《くろかみ》を頭《あたま》の上《うえ》で結《ゆわ》えているオーバーオールの少女《しょうじょ》が、三女《さんじょ》のアグネスだ。

いったい何事《なにごと》だ？　グルーとルーシーが目《め》をぱちくりさせていると、三姉妹《さんしまい》は一本《いっぽん》の木《き》の前《まえ》で、声《こえ》をそろえて言《い》った。

「アローハ！」

娘《むすめ》たちの頭上《ずじょう》で、何《なに》かがキラキラ輝《かがや》いている。木《き》の枝《えだ》の上《うえ》に作《つく》られたハウスツリーが光《ひか》っているのだ。ハウスツリーには、〝アロハ〟と電飾《でんしょく》で描《えが》かれている。

呆気《あっけ》に取《と》られているふたりを、イディスがカメラで撮《と》った。

「こいつはたまげたな」

グルーはハウスツリーを見《み》つめて、つぶやいた。そこに長女《ちょうじょ》のマーゴが駆《か》けより、グルーの首《くび》にレイをかけた。

「だって新婚旅行《しんこんりょこう》に行《い》ってないでしょ？　だから」

マーゴのあとを次女《じじょ》のイディスが引《ひ》きとり、言《い》った。

「あたしたちで、ディナーを作《つく》ったの！」

三女《さんじょ》のアグネスは、ルーシーにレイをかけてあげると、うれしそうに声《こえ》を張《は》りあげた。

「ハワイアンディナーだよ。パイナップルに、ココナッツに、ウクレレ！」

そこに、ミニオンのデイブとジェリーがあらわれた。ふたりとも頭《あたま》に花輪《はなわ》をかぶり、胸《むね》にはココナッツでできたブラジャーをつけ、腰《こし》みの姿《すがた》でウクレレを弾《ひ》いたり、太鼓《たいこ》を叩《たた》いたりしている。

「ヘイ、マラタキカ、キカ、ビー、ア〜♪」

ミニオンの歌《うた》を聞《き》きながら、みんなはハウスツリーにのぼっていった。アグネスがエヘンと咳払《せきばら》いをして、スープ皿《ざら》をテーブルに置《お》いた。

「はい、本日《ほんじつ》のスープです」

スープには茶色《ちゃいろ》い細《こま》かな物体《ぶったい》が、プカプカ浮《う》かんでいる。なんだ、この得体《えたい》の知《し》れないものは？　スプーンを持《も》つグルーの手《て》が、途中《とちゅう》で止《と》まった。

「マダム・アンド・ムッシュ。クマのグミをスープに入《い》れたのは、あたしのアイデアよ」

アグネスは無邪気《むじゃき》に、にっこりした。

「うーん、こりゃ食《た》べるのがもったいないな。とっとこうか？」

グルーがわざとらしく言《い》うと、アグネスは悲《かな》しそうな顔《かお》になった。

「……せっかく作《つく》ったのに」

こうなったら、食《た》べるしかない。グルーは覚悟《かくご》を決《き》め、ぎゅっと目《め》をつぶってスープをひと口《くち》飲《の》んだ。ひきつった顔《かお》に作《つく》り笑《わら》いを浮《う》かべ、テーブルを叩《たた》いた。

「うーん、こりゃうまい！　クマのグミと肉《にく》の取《と》り合《あ》わせが、なんとも言《い》えん！」

アグネスは顔《かお》を輝《かがや》かせ、テーブルの反対側《はんたいがわ》にいるルーシーを見《み》やった。アグネスと目《め》が合《あ》い、ルーシーはしかたなくスープをすすった。

ブッ！　思《おも》わず、吐《は》きだしそうになる。呑《の》みこめず、両頬《りょうほお》がパンパンになっている。

「えー、あのー、もったいなくて呑《の》みこめないから、口《くち》の中《なか》にためてるの」

「仕事《しごと》はどう？」

マーゴが尋《たず》ねると、すかさずイディスも続《つづ》けた。

「あいつを捕《つか》まえた？　爆発《ばくはつ》とかあった？」

ついに避《さ》けられない瞬間《しゅんかん》が来《き》た。グルーとルーシーは目《め》を見交《みか》わした。エッヘン。グルーは咳払《せきばら》いをした。

「うーん、実《じつ》は俺《おれ》とルーシーは反悪党同盟《はんあくとうどうめい》に呼《よ》ばれ……もう来《こ》なくていいと言《い》われたんだ」

「オーノー！」

太鼓《たいこ》を叩《たた》いていたミニオンのジェリーが、思《おも》わず叫《さけ》んだ。横《よこ》からデイブがジェリーをつついた。

「それって、クビになったってこと？」

マーゴが長女《ちょうじょ》らしく、姉妹《しまい》を代表《だいひょう》して尋《たず》ねた。

「いや、ちがうちがう……そうだ、そのとおりだ」

シーン。沈黙《ちんもく》が広《ひろ》がった。気《き》まずい空気《くうき》を破《やぶ》るように、ルーシーがわざと陽気《ようき》な声《こえ》を張《は》りあげた。

「心配《しんぱい》しないで。すぐ新《あたら》しい仕事《しごと》が見《み》つかるから。もっといい仕事《しごと》が」

「超《ちょう》クールな秘密捜査官《ひみつそうさかん》よりイケてる仕事《しごと》なんてある？」

イディスは顔《かお》をしかめ、両腕《りょううで》を組《く》んだ。

「そうだ！」

アグネスがうれしそうに言《い》った。

「ネットでギャンブルしたら？　ケイティのパパは、やってるよ」

「そうだな。考《かんが》えてみるよ。教《おし》えてくれてありがとう。でも――」

そこでグルーは強《つよ》い口調《くちょう》になった。

「もう二度《にど》と、ケイティの家《いえ》に遊《あそ》びに行《い》くんじゃないぞ！」

そのとき、グルーの携帯電話《けいたいでんわ》の呼《よ》び出《だ》し音《おん》が鳴《な》った。画面《がめん》を見《み》ると、発信者《はっしんしゃ》はミニオンのメルだ。グルーは電話《でんわ》に出《で》た。

「メル？　なんの用《よう》だ？」


グルー邸《てい》の地下《ちか》では、ミニオンの大集会《だいしゅうかい》がおこなわれていた。そもそもミニオンたちは、人間《にんげん》がこの世《よ》に誕生《たんじょう》するはるか昔《むかし》から生息《せいそく》し、その時代《じだい》でもっとも強《つよ》いボスに仕《つか》えてきたのだ。恐竜《きょうりゅう》に始《はじ》まり、古代《こだい》の王《おう》ファラオ、吸血鬼《きゅうけつき》、ナポレオン……etc.《エトセトラ》

そしてまだ少年時代《しょうねんじだい》のグルーと出会《であ》った。そのとき、グルーはまんまとイギリス女王《じょおう》の王冠《おうかん》を盗《ぬす》んだ。それを見《み》たミニオンたちは決《き》めたのだ。この先《さき》ずっとグルーについていこう、と。

そうしてグルーと組《く》んで散々悪事《さんざんあくじ》をおこなってきたが、グルーが悪党稼業《あくとうかぎょう》を引退《いんたい》してからは、なんとも平凡《へいぼん》で気《き》の抜《ぬ》けた毎日《まいにち》を送《おく》っていた。

そのグルーが、反悪党同盟《はんあくとうどうめい》をクビになった！　きっとまた、悪党《あくとう》に戻《もど》るにちがいない。そうミニオンたちは期待《きたい》していたのだ。

地下室《ちかしつ》にグルーが登場《とうじょう》すると、ミニオンたちは大声《おおごえ》で喝采《かっさい》をあげた。

「みんな、早《はや》まるな！」

グルーはみんなを押《お》しとどめた。

「ちがう、ちがう。俺《おれ》は悪党《あくとう》に戻《もど》る気《き》はない！」

「オ～」

ミニオンたちのあいだから、いっせいにため息《いき》がもれた。

「みんなの気持《きも》ちはわかる。たしかに最近《さいきん》はパッとしたことがなかったからな。特《とく》に、ネファリオ博士《はかせ》がカーボナイトに自分《じぶん》を冷凍《れいとう》してしまってからは」

ネファリオ博士《はかせ》とは、グルー邸《てい》の地下《ちか》でミニオンたちといっしょに暮《く》らしていた科《か》学者《がくしゃ》で、悪事《あくじ》のために研究《けんきゅう》を重《かさ》ねてきた。が、グルーが悪党稼業《あくとうかぎょう》から足《あし》を洗《あら》ってからは、〝おいしいゼリー〟と〝オナラ銃《じゅう》〟の開発《かいはつ》に専念《せんねん》していた。

博士《はかせ》を失《うしな》ったことは、グルーはもちろんのこと、ミニオンたちにとっても、大《おお》きな痛手《いたで》だった。

ミニオンたちの頭《あたま》に、博士《はかせ》とともになし遂《と》げてきた数々《かずかず》の悪事《あくじ》の思《おも》い出《で》が浮《う》かんだ。そんな気持《きも》ちを察《さっ》したように、グルーはみんなに言《い》いきかせた。

「とにかく、俺《おれ》らの悪党人生《あくとうじんせい》は終《お》わったんだ。おい、メル。おまえは俺《おれ》の気持《きも》ちをわかってくれるよな？」

「ア～、ルカ」

メルは前《まえ》に進《すす》みでると、手《て》にしたスイッチを押《お》した。壁《かべ》の大《おお》きなスクリーンに、戦《せん》車《しゃ》に乗《の》っているグルーの姿《すがた》が映《うつ》しだされた。

ワー！

ミニオンたちは大喜《おおよろこ》びだ。

次《つぎ》に、グルーが家事《かじ》をしている場面《ばめん》が流《なが》れた。

ブー！

たちまち非難《ひなん》の嵐《あらし》だ。

ミニオンたちは、悪党《あくとう》グルーが大好《だいす》きなのだ。

「ドレミヨ！」

メルの音頭《おんど》で、ミニオンたちはいっせいにプラカードを掲《かか》げた。

『メルについて行《い》こう！』

『悪党《あくとう》に戻《もど》ろう！』

みんなは口々《くちぐち》に叫《さけ》びながら、グルーに迫《せま》った。

「いいから、俺《おれ》の話《はなし》を聞《き》け！　リサ・ミ・リポ。ポモドロ・ラ・カムクイット」

グルーがミニオン語《ご》を話《はな》すと、ギャハハ！　たちまち笑《わら》いが起《お》きた。

「くそっ、言《い》い間違《まちが》えたか。これならどうだ？　ポモドロ・ラ・カムクワット」

「ウォーウォー、クンセイパラドウ」

メルが言《い》った。〝悪党《あくとう》に戻《もど》ろう〟と言《い》いたいのだろう。

「そんな口《くち》の利《き》き方《かた》をするな。とにかく、悪党《あくとう》には戻《もど》らんぞ！」

「ナイ、アクトウ？」

メルは、がっくりと肩《かた》を落《お》とした。

「そうだ！　だから、もうごちゃごちゃ言《い》うな！」

グルーはくるりと向《む》きを変《か》え、ドアに向《む》かった。

ブー！

ミニオンたちはいっせいにブーイングをした。グルーはふたたび振《ふ》りかえり、人差《ひとさ》し指《ゆび》を突《つ》きたてて、声《こえ》を荒《あら》らげた。

「いいか、その態度《たいど》を今《いま》すぐ改《あらた》めないと、どうなっても知《し》らないぞ！」

メルが反抗《はんこう》した。

「ア〜、パルティネス。ミ・モロ」

グルーも負《ま》けずに言《い》いかえす。

「おかしなこと言《い》ったら、後悔《こうかい》するぞ！」

「チャオ・ベロ」

〝グッバイ〟という意味《いみ》だ。メルはかぶっていた帽子《ぼうし》を床《ゆか》に投《な》げすて、その場《ば》から去《さ》っていった。

「何《なに》？ 出《で》ていく気《き》か？ 冗談《じょうだん》も休《やす》み休《やす》み言《い》え！」

ミニオンたちはメルのあとについて、エレベーターに向《む》かった。入《い》れちがいにその隣《となり》のエレベーターのドアがあき、ハワイアン姿《すがた》のジェリーとデイブがおりてきた。

「いよー、ジェリー！ 大《だい》ニュースだ！」

グルーはにんまりと笑《わら》った。

「おまえたち、出世《しゅっせ》したぞ。今《いま》から、おまえらがリーダーだ。悪《わる》くないだろ？」

ジェリーとデイブは大喜《おおよろこ》びだ。頭《あたま》の花輪《はなわ》と腰《こし》みのを取《と》って、パンツ一丁《いっちょう》の姿《すがた》になると、

「ウーパーウーパー」

尻《しり》と尻《しり》をくっつけ合《あ》って、喜《よろこ》んだ。その姿《すがた》を見《み》て、グルーはがっくりした。こいつ

らがリーダーじゃ、未来《みらい》は暗《くら》い。

5

ここは、フランスの首都《しゅと》、パリ。

とある博物館《はくぶつかん》のドアが、いきなりパッとあいた。あらわれたのは、スーツ姿《すがた》の男《おとこ》だった。顔《かお》も体《からだ》も人《ひと》の何倍《なんばい》はあろうかというほど、タプタプ太《ふと》っている。その男《おとこ》を見《み》るなり、博物館長《はくぶつかんちょう》が急《いそ》いで駆《か》けよった。

「これはこれは。ムッシュ・ポンプー。世界最高《せかいさいこう》の宝石専門家《ほうせきせんもんか》であるあなた様《さま》が、なぜここに?」

博物館長《はくぶつかんちょう》は、ポンプーのたれさがった左右《さゆう》の頬《ほお》に、それぞれキスをした。ポンプーはむっつりと歩《ある》きだした。

「警察本部長《けいさつほんぶちょう》に頼《たの》まれたんだ。先日《せんじつ》の強盗未遂事件《ごうとうみすいじけん》で、ダイヤが偽物《にせもの》にすり替《か》えられたんではないかと言《い》うのでな」

「なんですって？」

それは一大事《いちだいじ》だ！　博物館長《はくぶつかんちょう》はさっと青《あお》ざめた。みんなは、足早《あしばや》にダイヤの展示室《てんじしつ》に向《む》かった。博物館長《はくぶつかんちょう》が指《ゆび》を鳴《な》らすと、展示室《てんじしつ》があいた。

部屋《へや》の中央《ちゅうおう》の台《だい》に、ダイヤは飾《かざ》られていた。ポンプーはダイヤに近《ちか》づくと、ルーペでしげしげと見《み》つめ、次《つぎ》にクンクンとにおいを嗅《か》いだ。博物館長《はくぶつかんちょう》は、はらはらした顔《かお》で見守《みまも》っている。

「ウーラッラッ。こいつは一杯食《いっぱいく》わされたな」

「え、ほんとうに？」

ぎょっとして、博物館長《はくぶつかんちょう》は両手《りょうて》を頬《ほお》に当《あ》てた。

「ああ、俺《おれ》にな！」

ポンプーはさっと振《ふ》りむいた。シュッ！　ルーペから吹《ふ》き矢《や》がとびだし、同行《どうこう》していたスタッフの頭《あたま》に突《つ》きささった。次々《つぎつぎ》に矢《や》がとんできて、ふたりの護衛《ごえい》もやられた。

「どういうことだ？」

博物館長《はくぶつかんちょう》が呆然《ぼうぜん》としていると、大《おお》きな何《なに》かが顔《かお》に投《な》げつけられた。なんだ、こりゃ？　引《ひ》きはがしてみると、ポンプーの顔《かお》のゴムマスクだった。

「ヒャ〜！」

博物館長《はくぶつかんちょう》は廊下《ろうか》に逃《に》げだし、ばったり倒《たお》れた。

ポンプーのでっぷり太《ふと》った体《からだ》がシュルシュルと縮《ちぢ》んでいき、スーツが脱《ぬ》げ、中《なか》からあらわれたのは、バルタザール・ブラットだった。

「ハーッハッハ！」

バルタザールは、手《て》にしたリモコンを押《お》した。強盗《ごうとう》のときのテーマ・ミュージックが流《なが》れる。腰《こし》を振《ふ》りながらリモコンを上《うえ》にかざすと、先端《せんたん》からワイヤーが伸《の》びて、天《てん》井《じょう》のシャンデリアの周《まわ》りに巻《ま》きついた。

バルタザールは、ワイヤーの一方《いっぽう》の端《はし》を自分《じぶん》の体《からだ》に巻《ま》きつけ、軽々《かるがる》と宙《ちゅう》を舞《ま》った。

そして、ダイヤを手《て》にしたまま、天井《てんじょう》にあいた穴《あな》から消《き》えていった。

「僕《ぼく》ちゃん、ワル〜い子《こ》ちゃん！　っていうかぁ、ダマされるそっちが悪《わる》い！」

と言《い》い残《のこ》して。

さて、こちらはグルーの家《いえ》。ルーシーは子《こ》ども部屋《べや》のドアをそっとあけ、中《なか》の様子《ようす》をうかがった。三人《さんにん》とも、ぐっすり眠《ねむ》っているようだ。よかった。ルーシーはドアを閉《し》めた。

地下室《ちかしつ》に行《い》くと、グルーがぽつんと腰《こし》をおろしていた。

「あらグルー、こんな暗《くら》いところで、何《なに》をしてるの？　ひとりで」

「ちょっと考《かん》え事《ごと》をしていただけだ」

グルーは沈《しず》んだ様子《ようす》で答《こた》えた。その横顔《よこがお》を、ルーシーはやさしく見《み》つめた。

「大丈夫《だいじょうぶ》？」

「ああ、大丈夫《だいじょうぶ》だ。ただ……」

ため息《いき》をつき、グルーは先《さき》を続《つづ》けた。

「自分《じぶん》が人生《じんせい》の落《お》ちこぼれのような気《き》がして……。生《い》きてる意味《いみ》がないような気《き》がするんだ」

ルーシーは隣《となり》に腰《こし》をおろし、グルーに近《ちか》づいた。

「そんな……あなたは落《お》ちこぼれなんかじゃないわ」

「バルタザールのやつを捕《つか》まえてさえいたらな」

グルーはつぶやいた。

「何度《なんど》も、あと少《すこ》しのところまで追《お》いつめたのに。でも、もうあいつを捕《つか》まえるチャンスはないだろう。反悪党同盟《はんあくとうどうめい》をクビになっちまったんだから」

ルーシーは、グルーの腕《うで》にそっと手《て》を置《お》いた。

「過去《かこ》は気《き》にしないで、前《まえ》を向《む》いていきましょう。もっといいことが待《ま》ってるわ」

そう言《い》ってグルーの頬《ほお》にキスをすると、ルーシーは立《た》ちあがった。そしてグルーを残《のこ》し、地下室《ちかしつ》から出《で》ていった。

6

雨《あめ》の降《ふ》りそそぐなか、ひとりの老紳士《ろうしんし》が傘《かさ》をさして、住宅街《じゅうたくがい》に立《た》っていた。そこにミニオンたちが、ぞろぞろと通《とお》りかかった。グルーが悪党《あくとう》に戻《もど》らないと聞《き》いて腹《はら》を立《た》て、みんなそろって家出《いえで》をしたのだ。

老紳士《ろうしんし》は振《ふ》りむいた。ミニオンたちを見《み》て、その目《め》がまるくなる。この黄色《きいろ》い生《い》き物《もの》は……、なんなんだ？　それでも、とまどいながらも聞《き》いてみた。

「すみません、お若《わか》い……方々《かたがた》？　この住所《じゅうしょ》に行《い》きたいのですが？」

そういって、一枚《いちまい》のメモをメルにわたした。メモに書《か》かれている住所《じゅうしょ》を見《み》て、メルはびっくりした。まさに、自分《じぶん》たちが今出《いまで》てきたばかりの家《いえ》の住所《じゅうしょ》だからだ。

「グルーさんという人《ひと》を探《さが》しているんですが」

グルーと聞《き》いて、メルはメモを道路《どうろ》に叩《たた》きつけた。ミニオンたちはいっせいに舌《した》を突《つ》きだし、

「ブー！」

と言《い》うなり、紳士《しんし》を無視《むし》してその場《ば》を去《さ》ろうとした。一匹《いっぴき》のミニオンがくるりと振《ふ》りかえり、地面《じめん》に落《お》ちたメモを踏《ふ》みつけ、もう一度《いちど》、

「ブー！」

と言《い》い、みんなのあとを追《お》いかけた。紳士《しんし》はわけがわからず、その場《ば》に立《た》ちつくしていた。

翌朝《よくあさ》。グルー邸《てい》の玄関《げんかん》のドアが勢《いきお》いよくあき、中《なか》からペットの犬《いぬ》、カイルがとびだしてきた。カイルはピラニアと闘犬《とうけん》のピットブルを交配《こうはい》させた珍種《ちんしゅ》で、灰色《はいいろ》の毛《け》はハリネズミのように逆立《さかだ》ち、鋭《するど》い牙《きば》を持《も》っている。

玄関前《げんかんまえ》には、配達《はいたつ》されたばかりの朝刊《ちょうかん》が置《お》かれていた。カイルは朝刊《ちょうかん》にとびつき、ムシャムシャ食《た》べようとする。

「こら、カイル。よせ！」

ローブ姿《すがた》のグルーは、カイルの口《くち》から朝刊《ちょうかん》を奪《うば》おうとした。

「放《はな》せったら！　放《はな》せ！」

ようやくカイルはあきらめ、噛《か》みちぎった紙片《しへん》をペッと口《くち》から吐《は》きだし、逃《に》げていった。

やれやれ。朝刊《ちょうかん》を手《て》に取《と》ったグルーは、思《おも》わずうめいた。

「ゲッ」

一面《いちめん》には、こんな見出《みだ》しが躍《おど》っていた。

『バルタザール・ブラット、世界最大《せかいさいだい》のダイヤを盗《ぬす》む！』

そして、ダイヤを手《て》にしたバルタザールの得意《とくい》げな顔《かお》の写真《しゃしん》が――。

「まさか！　冗談《じょうだん》だろ？　嘘《うそ》に決《き》まってる！」

グルーは家《いえ》の中《なか》にいるルーシーに呼《よ》びかけた。

「ルーシー、知《し》ってたか？」

そのとき、意外《いがい》な光景《こうけい》が目《め》にとびこんできた。前庭《まえにわ》でアグネスが『おもちゃ、売《う》ります』という看板《かんばん》を出《だ》し、店《みせ》を開《ひら》いているではないか。クロスをかけたテーブルの上《うえ》には、アグネスが大切《たいせつ》にしているおもちゃが並《なら》んでいる。芝生《しばふ》には、掃除機《そうじき》まである。群《むら》がっている子《こ》どもたちを相手《あいて》に、アグネスはユニコーンのぬいぐるみを売《う》りこむのに必死《ひっし》だ。

「怖《こわ》い夢《ゆめ》から守《まも》ってくれるし、スリスリすると気持《きも》ちいいよ。だから、かわいがってね」

「ありがとう」

ユニコーンを買《か》った女《おんな》の子《こ》は、うれしそうにヌイグルミを抱《だ》きしめた。

「アグネス、何《なに》してるんだ！　大切《たいせつ》にしてるユニコーンを売《う》るなんて！」

グルーはびっくりして、アグネスに駆《か》けよった。その声《こえ》にアグネスが振《ふ》りかえり、沈《しず》んだ声《こえ》で説明《せつめい》した。

「グルーさんの力《ちから》になりたかったの。お仕事《しごと》なくなっちゃったんでしょ？　だから……。ほら、二《に》ドルも稼《かせ》げたよ」

「ホホー」

ミニオンのジェリーとデイブが感心《かんしん》したように、声《こえ》をあげた。彼《かれ》らだけは家出《いえで》をせずに残《のこ》ったのだ。

「オッホン」

咳払《せきばら》いとともに、ひとりの老紳士《ろうしんし》が近《ちか》づいてきた。昨夜《さくや》、グルーの家《いえ》を探《さが》していた紳士《しんし》だ。

「セールはもう終《お》わったよ」

グルーはそっけなく口《くち》にした。

「ええ、話《はなし》はすぐすみま……」

老紳士《ろうしんし》のことばを、グルーは乱暴《らんぼう》にさえぎった。自分《じぶん》のために大切《たいせつ》なユニコーンを売《う》ったアグネスのことを思《おも》い、胸《むね》を痛《いた》めていたのだ。

「おい、ゲジゲジ眉《まゆ》のおっさん。芝生《しばふ》から出《で》ろ！」

「ええ、しかし……」

グルーは耳《みみ》を貸《か》そうとはせず、掃除機《そうじき》を持《も》ちあげた。

「ちょっと、これ持《も》ってくれないか」

と、掃除機《そうじき》のホースを老紳士《ろうしんし》に持《も》たせると、本体《ほんたい》を芝生《しばふ》につきたてた。スイッチを押《お》すと、するするとホースが本体《ほんたい》に引《ひ》きこまれ、代《か》わりにロケットの先端《せんたん》があらわれる。

「あばよ」

グルーが言《い》うと同時《どうじ》に、掃除機《そうじき》ロケットが噴射《ふんしゃ》し、老紳士《ろうしんし》は空《そら》の彼方《かなた》にとばされていった。

ざまあみろ。紳士《しんし》が消《き》えたのを見《み》とどけると、グルーはアグネスに向《む》きなおった。

「いいか、アグネス。おまえは心配《しんぱい》しなくていい。大丈夫《だいじょうぶ》だから」

「ほんと？」

「ほんとうだ。さあ、おもちゃを片《かた》づけよう」

段《だん》ボールにおもちゃを詰《つ》めているときだった。誰《だれ》かの近《ちか》づいてくる気配《けはい》にグルーが顔《かお》をあげると、先《さき》ほどすっとばしたはずの老紳士《ろうしんし》が、傘《かさ》を杖《つえ》にして、よたよた歩《ある》いてくるではないか。スーツはボロボロだ。

なんとまあ、タフなおっさんだな。

「おっさん、空気《くうき》を読《よ》めよ」

グルーは文句《もんく》を言《い》った。が、老紳士《ろうしんし》は引《ひ》きさがらない。

「すみませんが、グルーさん。どうしてもあなたに話《はなし》があって」

と、あえぎながら口《くち》にした。グルーは眉《まゆ》をひそめた。

「どうして俺《おれ》の名前《なまえ》を知《し》ってるんだ？」

「自己紹介《じこしょうかい》させてください。私《わたし》はフリッツと申《もう》します。ア〜イタタッ！」

カイルがフリッツの右脚《みぎあし》に噛《か》みついたのだ。脚《あし》を振《ふ》りはらおうとしても、カイルは食《く》いついたままだ。フリッツはしかたなく、話《はなし》を続《つづ》けた。

「あなたの双子《ふたご》の兄弟《きょうだい》、ドルー様《さま》の依頼《いらい》で参《まい》りました。ドルー様《さま》は今《いま》、困《こま》った状態《じょうたい》にあり、あなたの助《たす》けを必要《ひつよう》となさっているのです」

「なんだって？　双子《ふたご》の兄弟《きょうだい》？」

グルーは驚《おどろ》いて目《め》をぱちくりさせた。

「双子《ふたご》の兄弟《きょうだい》？」

アグネスもびっくりしている。

「フタコ、キョダイ？」

ミニオンのジェリーとデイブも、声《こえ》をそろえて言《い》った。フリッツはカイルを脚《あし》に食《く》いつかせたまま、グルーに近《ちか》づいた。

「そうです。ドルー様《さま》はフリードニアまで会《あ》いにきてほしいとおっしゃっています。お父様《とうさま》が最近《さいきん》、お亡《な》くなりになり……」

「ハハハ」

グルーは高笑《たかわら》いをした。

「あいにく親父《おやじ》は、俺《おれ》が赤《あか》ん坊《ぼう》のときに死《し》んでるし、俺《おれ》には兄弟《きょうだい》なんていない。あんた、人違《ひとちが》いをしてるんじゃないか？」

グルーはフリッツの背中《せなか》を押《お》して、追《お》いはらおうとした。だが、

「そうですか？　でしたら、これを見《み》てどう思《おも》います？」

フリッツは、背広《せびろ》の内《うち》ポケットから一枚《いちまい》の写真《しゃしん》を取《と》りだした。なんだ？　写真《しゃしん》を見《み》たグルーは、ショックで倒《たお》れそうになった。

グルーの母親《ははおや》が写《うつ》っている。そのかたわらには、顔《かお》の下半分《したはんぶん》だけ写《うつ》った男《おとこ》がいる。

ふたりの腕《うで》には、それぞれ赤《あか》ん坊《ぼう》が抱《だ》かれている。とんがった鼻《はな》といい、ギョロ目《め》といい、赤《あか》ん坊《ぼう》は、そっくり同《おな》じ顔《かお》をしている。

どう見《み》ても、双子《ふたご》なのは間違《まちが》いない。

7

石像《せきぞう》が立《た》ちならぶ豪華《ごうか》な屋敷《やしき》のプールで、グルーの母親《ははおや》は泳《およ》いでいた。派手《はで》な花柄《はながら》のスイムキャップをかぶり、マッチョなイタリア人《じん》の男《おとこ》たちと戯《たわむ》れながら。

「ベリッシモ！」

男《おとこ》のひとりが、イタリア語《ご》で〝おきれいですね〟とお世辞《せじ》を言《い》った。

「マ〜、オッホッホ」

母親《ははおや》も、まんざらでもない様子《ようす》だ。

「歳《とし》を取《と》ったら、体《からだ》を積極的《せっきょくてき》に動《うご》かさなくちゃね」

プールサイドにグルーがあらわれた。いつにも増《ま》して、むっつりとした表情《ひょうじょう》だ。これから母親《ははおや》に、ほんとうに自分《じぶん》に双子《ふたご》の兄弟《きょうだい》がいるか尋《たず》ねるのだ。緊張《きんちょう》せずにいられようか？

「よう、ママ」

「おや、グルー。この人《ひと》たちは、あたしのダイビングのインストラクターなの。ビンチェンツォとパオロ。チャオ、またね」

プールサイドにあがると、母親《ははおや》はティーポットののったテーブルに近《ちか》づいた。

「で、なんの用《よう》なんだい、グルー？」

「ママ、俺《おれ》に双子《ふたご》の兄弟《きょうだい》がいるのか？」

ズバリ尋《たず》ねると、母親《ははおや》はびっくりして、ティーカップを落《お》としそうになった。

「うんまあ！　どうしてわかったんだい？　誰《だれ》に聞《き》いた？」

「なんだって？　つまり、ほんとうだってことなんだな」

グルーはショックを受《う》けた。そんな大事《だいじ》なこと、どうして今《いま》まで隠《かく》していたのか？

つかつかと母親《ははおや》に歩《あゆ》みよると、胸《むね》ポケットから例《れい》の写真《しゃしん》を取《と》りだした。

「兄弟《きょうだい》がいるなんて、これまで教《おし》えてくれなかったじゃないか。それに、パパは俺《おれ》が生《う》まれたとき、がっかりして死《し》んだんじゃなかったのか？」

と言《い》って、写真《しゃしん》を母《はは》の顔《かお》の前《まえ》に突《つ》きつけた。母《はは》は写真《しゃしん》を受《う》けとり、顔《かお》をそむけた。

「まあ、そういう約束《やくそく》だったから……」

「約束《やくそく》？　どういうことだ？」

母親《ははおや》はため息《いき》をつき、しげしげと写真《しゃしん》を見《み》つめた。それから遠《とお》い目《め》をして、昔《むかし》をなつかしむように口《くち》にした。

「あんたたちが生《う》まれて間《ま》もなく、あたしたちは離婚《りこん》した。ひとりずつ息子《むすこ》を引《ひ》き取《と》って、自分《じぶん》の手《て》で育《そだ》てることになった。そのとき、約束《やくそく》したのさ。二度《にど》と会《あ》わないとね。で、あたしはおまえを押《お》しつけられたってわけ」

そう言《い》って、写真《しゃしん》をくしゃくしゃにまるめ、グルーに返《かえ》した。グルーは、写真《しゃしん》を広《ひろ》げて、じっと見《み》つめた。

「俺《おれ》に兄弟《きょうだい》がいたんだ……」

自家用飛行機《じかようひこうき》の中《なか》に、グルー一家《いっか》はいた。マーゴはイヤフォンで音楽《おんがく》を聞《き》き、アグネスは窓《まど》の外《そと》の景色《けしき》を見《み》つめ、イディスはゲームをしている。

シートのうしろから、ルーシーが顔《かお》を出《だ》した。

「どう、みんな楽《たの》しんでる？　いろいろ遊《あそ》ぶものを持《も》ってきたのよ。ババ抜《ぬ》きしたい人《ひと》は？」

ルーシーはトランプを見《み》せた。マーゴは片耳《かたみみ》からイヤフォンをはずし、申《もう》し訳《わけ》なさそうに答《こた》えた。

「ああ、あの……今《いま》はいいや」

「そう、わかった」

ルーシーはわざと陽気《ようき》に言《い》い、自分《じぶん》のシートに座《すわ》りなおした。ため息《いき》が口《くち》をついて出《で》る。ほんとうは、娘《むすめ》たちと遊《あそ》びたかったのだ。親子《おやこ》らしく……。

でも、焦《あせ》ってはダメ。時間《じかん》が経《た》てば、そのうち自然《しぜん》と母親《ははおや》らしくふるまえるかもしれない。

そのためにも、今度《こんど》のフリードニア行《ゆ》きが、いい機会《きかい》になるかも。ルーシーは、そう自分《じぶん》を納得《なっとく》させた。

横《よこ》の席《せき》のグルーは、兄弟《きょうだい》に会《あ》うと思《おも》うと、興奮《こうふん》して落《お》ちつかない。

「ドルーってどんなやつなんだろう？　双子《ふたご》ってことは、相手《あいて》の心《こころ》が読《よ》めるんだよな。いかすぜ！」

「ええ、とってもいかすわ」

うれしそうなグルーの気持《きも》ちを壊《こわ》したくなくて、ルーシーは微笑《ほほえ》んだ。子《こ》どもたちのことはさておいて、グルーとドルーがうまくやっていければいいのだけれど。グルーの期待《きたい》が大《おお》きいだけに、ルーシーは心配《しんぱい》になった。

どうか、グルーの夢《ゆめ》が壊《こわ》されませんように。

やがて飛行機《ひこうき》は、パラシュートで落下《らっか》した。周囲《しゅうい》は見《み》わたすかぎり、ブタ、ブタ、ブタばかりだ。

タラップがおり、真《ま》っ先《さき》にミニオンのジェリーがあらわれた。

「ヤーハッハ！」

ジェリーは大喜《おおよろこ》びで、首《くび》からぶらさげたカメラでパチリと写真《しゃしん》を撮《と》った。すぐうしろにデイブが近《ちか》づいた。足《あし》ヒレにゴーグルと、すっかりバケーション気分《きぶん》だ。三人娘《さんにんむすめ》たちも、はしゃぎながらタラップを駆《か》けおりた。

「フリードニア！　フリードニア！」

と、声《こえ》をそろえながら。

「キャー、ブタちゃん！」

アグネスはさっそく、一頭《いっとう》のブタを追《お》いかけだした。マーゴとイディスは、目《め》の前《まえ》の屋敷《やしき》に目《め》を奪《うば》われた。なんて、大《おお》きな家《いえ》なんだろう。ピンクの三角屋根《さんかくやね》が連《つら》なり、白《しろ》い円柱《えんちゅう》が何本《なんぼん》も立《た》っていて、すばらしい豪邸《ごうてい》だ。

「見《み》て、お城《しろ》みたい！」

三姉妹《さんしまい》は声《こえ》をはずませた。

「兄弟《きょうだい》に会《あ》うのが、待《ま》ちきれない！」

グルーも大《おお》はしゃぎで、両腕《りょううで》を突《つ》きあげてタラップを駆《か》けおりた。タラップの下《した》では、フリッツがたくさんの荷物《にもつ》を抱《かか》えて立《た》っている。その上《うえ》に自分《じぶん》の荷物《にもつ》を置《お》き、グルーは尋《たず》ねた。

「それにしても、なんでこんなにブタがいるんだ？」

「これが家業《かぎょう》なもんで。フリードニアでいちばん大《おお》きなブタ牧場《ぼくじょう》なんですよ」

一頭《いっとう》のブタがグルーに近《ちか》づいてきた。足《あし》で追《お》いはらおうとすると、なおも近《ちか》づいてくる。

「よしよし、いいブタだ」

グルーはなだめたが、ブタは荒々《あらあら》しくグルーの股《また》に噛《か》みついた。

「何《なに》するんだ、俺《おれ》の大事《だいじ》なところを！　このブタ、問題児《もんだいじ》だぞ！」

ブタはグルーの両脚《りょうあし》のあいだに顔《かお》を突《つ》っこみ、その体《からだ》にグルーを乗《の》せ、邸宅《ていたく》へと走《はし》っていった。

「ウワ～、何《なに》するんだ？」

グルーの悲鳴《ひめい》が響《ひび》いた。

8

山《やま》のような荷物《にもつ》を抱《かか》えたフリッツが、玄関《げんかん》のドアを蹴《け》ってあけた。ジェリー、デイブ、三姉妹《さんしまい》、ルーシーは屋敷《やしき》の中《なか》に入《はい》った。見《み》かけと同様《どうよう》、内部《ないぶ》も豪華《ごうか》そのものだった。思《おも》わずため息《いき》がもれる。

そこに、ブタに追《お》いかけられたグルーがとびこんできた。グルーはゼイゼイあえぎながら、急《いそ》いで玄関《げんかん》のドアを閉《し》めた。振《ふ》りかえり、屋敷《やしき》の内部《ないぶ》を目《め》にしたとたん、グルーの目《め》がまるくなった。

「うわあ」

ここがドルーの家《いえ》？　信《しん》じられない。同《おな》じ双子《ふたご》なのに、どうしてこんな豪邸《ごうてい》に住《す》めるんだ？　俺《おれ》たちのパパは、そんなに大金持《おおがねも》ちだったのか？

天井《てんじょう》には、ブタの絵《え》が一面《いちめん》に描《えが》かれている。まるで宗教画《しゅうきょうが》のようだ。

「バチカンのシスティーナ礼拝堂《れいはいどう》みたい……ブタばかりだけど」

ルーシーが、うっとりと天井《てんじょう》を見《み》あげた。そのとき——。

「ハーッハッハッハ！」

高《たか》らかな笑《わら》い声《ごえ》とともに、赤《あか》い絨毯《じゅうたん》の敷《し》かれた階段《かいだん》の上《うえ》に、人影《ひとかげ》があらわれた。背《はい》後《ご》の窓《まど》から射《さ》す日《ひ》を浴《あ》びて光《ひか》っていて、輪郭《りんかく》しかわからない。

「兄弟《きょうだい》！」

叫《さけ》びながら、人影《ひとかげ》は階段《かいだん》を駆《か》けおりてきた。グルーの顔《かお》に笑《え》みが広《ひろ》がる。これが、双子《ふたご》のドルーなのか？

人影《ひとかげ》は、グルーの前《まえ》で立《た》ちどまった。帽子《ぼうし》、マフラー、スーツ、靴《くつ》、と全身白《ぜんしんしろ》ずくめで、黒《くろ》ずくめのグルーとは対照的《たいしょうてき》だ。

「グルー！」

「ドルー！」

ふたりは両手《りょうて》を広《ひろ》げた。と、ドルーが帽子《ぼうし》を脱《ぬ》いだ。日差《ひざ》しを浴《あ》びて、金髪《きんぱつ》が輝《かがや》いている。そのふさふさの髪《かみ》を見《み》て、グルーはショックを受《う》けた。

「うそ……」

双子《ふたご》なのに、なんでこいつだけ、髪《かみ》がたくさんあるんだ？

両腕《りょううで》を広《ひろ》げたまま固《かた》まっているグルーに、ドルーが抱《だ》きついた。グルーを抱《だ》きあげ、くるくる回《まわ》った。

「ああ、グルー。おまえとハグできるなんて！」

ドルーは感激《かんげき》した様子《ようす》で、グルーに頬《ほお》をすりよせた。

「長《なが》い年月《ねんげつ》が経《た》ったけど、ついにおまえに会《あ》えた！」

「……ああ、そりゃよかった」

ドルーのあまりの感激《かんげき》ぶりに、グルーは少々《しょうしょう》とまどった。双子《ふたご》の兄弟《きょうだい》がいたというだけでも驚《おどろ》きなのに、こんなに喜《よろこ》んでもらえるなんて。

ドルーはルーシーに気《き》づき、そちらに駆《か》けよると、抱《だ》きついた。

「きみがグルーの美人妻《びじんづま》、ルーシーだね？」

「美人妻《びじんづま》？　やだ、よして。お上手《じょうず》ね」

ドルーは、グルーとルーシーをそれぞれ抱《だ》きよせた。

「こんな美人《びじん》、どうやって捕《つか》まえたんだ、兄弟《きょうだい》？　ツルッパゲのくせに？」

「なんだと？」

グルーは怒《おこ》って、ドルーの手《て》を振《ふ》りほどいた。髪《かみ》のことは、いちばん触《ふ》れてもらいたくない話《はなし》だ。

「冗談《じょうだん》、冗談《じょうだん》さ」

ドルーはまだルーシーを片腕《かたうで》で抱《だ》いたまま、笑《わら》った。そんな三人《さんにん》の様子《ようす》を、マーゴ、イディス、アグネスは楽《たの》しそうに見《み》ている。それに気《き》づいて、ドルーは次《つぎ》に三姉妹《さんしまい》に駆《か》けよった。

「ホッホー！　ぼくの姪《めい》っ子《こ》ちゃんたちだね。きみがアグネス？　体《からだ》はちっちゃいけど、おっきなお目々《めめ》だね。ポケットに入《い》れたくなっちゃう」

そう言《い》って、アグネスの体《からだ》をつついた。

「ポッケは無理《むり》よ。そんなチビじゃないもん」

アグネスは腰《こし》に両手《りょうて》を当《あ》て、胸《むね》を張《は》った。ドルーは次《つぎ》に、イディスにかがみこんだ。

「イディス。きみがイタズラっ子《こ》だってことは知《し》ってるよ。あとでイタズラして遊《あそ》ぼう」

「イタズラなら、もうしたよ」

イディスはフリッツを指《ゆび》さした。ミニオンのジェリーとデイブに蹴《け》られている。

「イタタッ、痛《いた》い！」

よく見《み》ると、フリッツの背中《せなか》に『私《わたし》を蹴《け》って』と書《か》かれた紙《かみ》が貼《は》ってある。イディスのしわざだ。

「最初《さいしょ》のイタズラだね」

ドルーとイディスは、グータッチをした。ドルーは今度《こんど》はマーゴに顔《かお》を向《む》けた。

「マーゴ。きみは大人《おとな》だね。いくつ？　ええと、十五歳《じゅうごさい》？」

「十五歳《じゅうごさい》ですって？」

マーゴはクスクス笑《わら》った。横《よこ》からグルーがマーゴの肩《かた》を抱《だ》いた。

「十二歳《じゅうにさい》だ。十二歳《じゅうにさい》に見《み》えるだろ？　いつまでも十二歳《じゅうにさい》だ」

グルーは強《つよ》い口調《くちょう》で言《い》った、三姉妹《さんしまい》に大人《おとな》になってほしくないのだ。ずっと、このままでいてほしかった。

ルーシーは屋敷《やしき》のあちこちを見《み》るたび、ため息《いき》をついていた。

「それにしても、ドルー、すばらしいお宅《たく》ね……」

「まあね。でも、ぼくはあまり物《もの》にこだわらない質《たち》だから」

ドルーはサングラスをかけ、両開《りょうびら》きの木《き》のドアをあけた。赤《あか》い高級車《こうきゅうしゃ》がずらりと並《なら》んだ庭園《ていえん》が見《み》える。ヘリコプターまである。

「最高《さいこう》！」

子《こ》どもたちの歓声《かんせい》を聞《き》いて、グルーはしだいに面白《おもしろ》くなくなってきた。

「たしかに最高《さいこう》だ。よし、家《いえ》に帰《かえ》るぞ！」

「帰《かえ》る？　どうして？」

ルーシーが尋《たず》ねた。ドルーはいい人《ひと》だし、家《いえ》は豪華《ごうか》で子《こ》どもたちは大喜《おおよろこ》び。どこが不満《ふまん》なのかしら？　が、まさにそこが、グルーには不満《ふまん》なのだった。

「知《し》るか！　こいつにはおっきな屋敷《やしき》があって、車《くるま》もたくさんある。それに髪《かみ》がサラサラでつやつやで、ふさふさしてる。これまでにない惨《みじ》めな気分《きぶん》だ」

「でも、彼《かれ》はあなたの兄弟《きょうだい》なのよ、グルー。チャンスをあげてよ」

ドルーがルーシーの腕《うで》を取《と》って、玄関前《げんかんまえ》の階段《かいだん》をおりた。そのうしろを、グルーはむっつりとした顔《かお》でついていく。

「せっかくだから、グルーと兄弟《きょうだい》らしいことをしたいんだ。きみたちは執事《しつじ》のフリッツと過《す》ごしてて。サプライズもあるよ」

「イエーイ！」

アグネスとマーゴが声《こえ》をあげた。

「すてき！」

イディスも大喜《おおよろこ》びだ。

「サプライズ、大好《だいす》き！」

アグネスは目《め》をキラキラさせている。

キキーッ。階段《かいだん》の下《した》に一台《いちだい》の赤《あか》いオープンカーが停《と》まった。運転《うんてん》しているのは、フリッツだ。

「グッド・タイミングだわ。母《はは》と娘《むすめ》の絆《きずな》も深《ふか》められるし。あなたたち兄弟《きょうだい》も楽《たの》しんでちょうだい」

ルーシーは三姉妹《さんしまい》といっしょに、車《くるま》に乗《の》りこんだ。グルーはひきつった顔《かお》で、手《て》を振《ふ》った。その横《よこ》に、ドルーがにこにこしながら立《た》っている。さて、こいつとどうやって過《す》ごしたらいいものやら。グルーはむすっとしたまま立《た》っていた。

9

画面《がめん》には〝悪党《あくとう》ブラット〟のフィギュアが大《おお》きく映《うつ》しだされ、CM《シーエム》のナレーションが流《なが》れている。

〈このアクション・フィギュアがあれば、きみもブラットのようにワルになれるぞ!

音楽《おんがく》に反応《はんのう》してブレイク・ダンスを踊《おど》る機能《きのう》。肩《かた》パッドから風船《ふうせん》ガムを発射《はっしゃ》する機能《きのう》。さらに、メガ・ダイヤモンド・レーザーの機能《きのう》も、新《あたら》しく搭載《とうさい》！〉

それに合《あ》わせて、フィギュアがダンスをする場面《ばめん》、ガムを発射《はっしゃ》する場面《ばめん》、少年《しょうねん》がレーザーで算数《さんすう》の教科書《きょうかしょ》を焼《や》く場面《ばめん》があらわれた。

〈もう算数《さんすう》なんて、しない。僕《ぼく》ちゃん、ワル〜い子《こ》ちゃん！〉

少年《しょうねん》は、高々《たかだか》とフィギュアを掲《かか》げた。

自宅《じたく》のスクリーンで椅子《いす》に座《すわ》ってそのCM《シーエム》を見《み》ていたバルタザールは、ため息《いき》をついて、足《あし》を組《く》んだ。

「どうしてハリウッドは俺《おれ》の番組《ばんぐみ》を打《う》ちきったのかな？　こんなおもちゃを生《う》みだせる番組《ばんぐみ》なのに。風船《ふうせん》ガムの〝悪党《あくとう》ブラット〟は傑作《けっさく》だった。真《しん》の芸術《げいじゅつ》を理解《りかい》できるやつはいないのか？」

バルタザールはフィギュアを手《て》にしたまま椅子《いす》の背《せ》ごと体《からだ》をそらし、風船《ふうせん》ガムをパチンと割《わ》った。

横《よこ》に立《た》っていたロボットのクライヴが言《い》った。

『ジツニ、ナゲカワシイコトデス』

「だから、俺《おれ》はダイヤを盗《ぬす》んだ。復讐《ふくしゅう》の始《はじ》まりだ。残念《ざんねん》だな、それを阻止《そし》するグルーがいないとは。いや、ちがう。あんなダサイやつ、いなくてせいせいする。ハリウッドもだ。今度《こんど》は俺《おれ》がハリウッドに仕返《しかえ》ししてやる。俺《おれ》の番組《ばんぐみ》を打《う》ちきりにしたやつ全員《ぜんいん》に！」

〝ハリウッド〟と看板《かんばん》の立《た》ったミニチュアの建物《たてもの》にフィギュアを突《つ》きたて、バルタザールは大笑《おおわら》いをした。


グルーはドルーと連《つ》れ立《だ》って、屋敷《やしき》の敷地《しきち》を歩《ある》いていた。足《あし》もとでは、ジェリーとデイブがとびはねている。

「ところで、最近《さいきん》仕事《しごと》はどんな調子《ちょうし》だ？」

ドキッ。グルーにとっては、いちばん尋《たず》ねられたくない質問《しつもん》だ。けれど、失業中《しつぎょうちゅう》だとは口《くち》が裂《さ》けても言《い》えない。

「仕事《しごと》？　アーッハッハ！　絶好調《ぜっこうちょう》だ。超《ちょう》、超《ちょう》、絶好調《ぜっこうちょう》！」

わざとらしく高笑《たかわら》いして、嘘《うそ》をついた。

「そうか。実《じつ》は、おまえが興味《きょうみ》を持《も》ちそうなものがあるんだ」

ドルーは、庭《にわ》のすみにあるブタの顔《かお》のついた大《おお》きな石柱《せきちゅう》に近《ちか》づいた。ブタの鼻《はな》の部分《ぶぶん》を押《お》すと、パカッと顔《かお》が開《ひら》き、中《なか》からロボットアームがあらわれた。アームの先《さき》にはリモコンがついている。

「何《なに》があっても、驚《おどろ》くなよ！」

ドルーはリモコンを押《お》すと、中《なか》に戻《もど》した。何《なに》が起《お》こるんだ？　グルーは待《ま》ったが、何《なに》も起《お》こらない。あれ、おかしいな？　ドルーはいらいらした様子《ようす》で、何度《なんど》かその場《ば》でとびあがった。と、突然地面《とつぜんじめん》に穴《あな》があき、ふたりはそのまま落《お》ちていった。

「ウワ〜！」

グルーの叫《さけ》び声《ごえ》が響《ひび》く。そこに一頭《いっとう》のブタにまたがって、ジェリーとデイブがやってきた。

「ヒーハーヤーヤー」

ん？　地面《じめん》に穴《あな》があいてるぞ。ブタの尻《しり》を叩《たた》いて、そちらに近《ちか》づいた。

「ウワ〜！」

ブタもろとも、ミニオンたちも穴《あな》に落《お》ちていった。

グルーたちは、深《ふか》い穴《あな》の底《そこ》まで落《お》ちた。続《つづ》いてデイブとジェリーが、さらにブタが落《お》ちてきた。

グルーは目《め》が回《まわ》りそうだった。そんな彼《かれ》の肩《かた》を抱《だ》いて、ドルーが案内《あんない》した。

「こっちだ」

地下《ちか》は岩《いわ》の壁《かべ》に囲《かこ》まれたトンネルになっていて、両脇《りょうわき》には石像《せきぞう》がずらりと並《なら》んでいる。グルーは息《いき》を呑《の》んだ。

「なんだ、これは？」

「ブタ牧場《ぼくじょう》は表向《おもてむ》きの仕事《しごと》で、本当《ほんとう》の家業《かぎょう》はこっちなんだ」

石像《せきぞう》の列《れつ》の端《はし》に、グルーそっくりの女《おんな》の像《ぞう》があった。それを見《み》て、ジェリーとデイブはケタケタ笑《わら》った。

「グルー、オッパイ」

「見《み》て驚《おどろ》くなよ、パパの秘密基地《ひみつきち》だ!」

トンネルの奥《おく》に木《き》のドアがある。ドルーがドアの横《よこ》のパネルを押《お》すと、たちまちドアがあいた。グルーは目《め》をみはった。ドアの向《む》こうは広大《こうだい》な空間《くうかん》で、様々《さまざま》な武器《ぶき》がズラリと並《なら》んでいたのだ。

「ワオワオ! つまり、俺《おれ》たちのパパも悪党《あくとう》だったのか?」

「ノーノーノー!」

ドルーがうしろから、グルーの背中《せなか》に両手《りょうて》を置《お》いた。

「ただの悪党《あくとう》じゃない。人類史上一《じんるいしじょういち》、二《に》を争《あらそ》う悪党《あくとう》だ。〝恐怖《きょうふ》のツルツル頭《あたま》〟と呼《よ》ばれていたんだから」

ドルーはグルーの背中《せなか》を押《お》して、肖像画《しょうぞうが》の前《まえ》に連《つ》れていった。白《しろ》いスーパースーツに身《み》を包《つつ》み、右手《みぎて》に銃《じゅう》を持《も》ったグルーそっくりの男《おとこ》が描《えが》かれている。

「これが俺《おれ》たちのパパか?」

グルーは複雑《ふくざつ》な思《おも》いで、その絵《え》を見《み》つめた。自分《じぶん》が生《う》まれたとき死《し》んだと聞《き》かされていた父親《ちちおや》が最近《さいきん》まで生《い》きていたというだけでも驚《おどろ》きなのに、その父親《ちちおや》が史上一《しじょういち》、二《に》を争《あらそ》う大悪党《だいあくとう》だったとは。

つまり、俺《おれ》が悪党《あくとう》になったのは、親父《おやじ》ゆずりだったのか。そして、このスキンヘッドも……。

皮肉《ひにく》なものだ。父親《ちちおや》に引《ひ》きとられたドルーより、生《い》き別《わか》れになった自分《じぶん》のほうが父《ちち》親《おや》の影響《えいきょう》を強《つよ》く受《う》けていたとは。

「パパはおまえのこと、たいそう自慢《じまん》してたよ。なんたって、世紀《せいき》の大悪党《だいあくとう》だったからな」

「ほんとに？」

父親《ちちおや》に認《みと》められていたと知《し》り、グルーの胸《むね》はジーンと熱《あつ》くなった。

「でも、ぼくは……」

ドルーは悲《かな》し気《げ》にうつむいた。

「できの悪《わる》い子《こ》どもだった。パパにとっては、落《お》ちこぼれだったのさ。悪党《あくとう》の才能《さいのう》がないって、ずっと思《おも》われてた。でも、そうじゃないってことを証明《しょうめい》したいんだ。おまえの手《て》を借《か》りて！　兄弟《きょうだい》、悪党《あくとう》になるコツを教《おし》えてくれ！」

ドルーは目《め》を輝《かがや》かせて、グルーの肩《かた》をつかんだ。

「ダメだ、ダメダメ」

グルーはその手《て》を強《つよ》く振《ふ》りほどいた。

「なんでだ？　家族《かぞく》の伝統《でんとう》だろ？　嫌《いや》とは言《い》えないはずだ」

「悪《わる》いな。俺《おれ》はもう悪党《あくとう》からは足《あし》を洗《あら》ったんだ。戻《もど》る気《き》はない」

「ふうん。そうか、わかったよ」

そう言《い》ってドルーは、近《ちか》くにあったレバーを押《お》した。そのとたん、床《ゆか》に六角形《ろっかくけい》の穴《あな》があき、

「ウワ〜！」

ミニオンたちとブタが、吸《す》いこまれていった。そして代《か》わりに、金色《きんいろ》に輝《かがや》くスーパーカーが、せりあがってきた。後部《こうぶ》にロケットが搭載《とうさい》してある。運転席《うんてんせき》には穴《あな》に落《お》ちたはずのジェリーとデイブ、ブタが乗《の》っている。グルーは目《め》をまるくした。

「こいつは、すごい！」

ドルーが得意《とくい》げに説明《せつめい》した。

「パパが悪事《あくじ》を働《はたら》くときに使《つか》っていた、悪党《あくとう》モービルだ。キラッキラだろ？」

ドルーは車体《しゃたい》のフロントに横《よこ》たわり、頬杖《ほおづえ》をついた。

「どうだ、こいつを乗《の》りまわしにいかないか？　楽《たの》しいぞ」

10

「ヒャッホー！」

ドルーは悪党《あくとう》モービルを猛《もう》スピードで走《はし》らせた。柵《さく》も平気《へいき》で突《つ》っきっていく。

「おいおい、気《き》をつけてくれよ」

こいつ、とんでもないとばし屋《や》だな。グルーはハラハラして、気《き》が気《き》でない。が、
ドルーはいっこうに平気《へいき》だった。

「たった三秒《さんびょう》で時速《じそく》六百《ろっぴゃく》キロを超《こ》えるんだ。核爆弾《かくばくだん》にも耐《た》える完全武装《かんぜんぶそう》の車《くるま》だ！」

ドルーは運転《うんてん》しながらかがみこむと、何《なに》かのスイッチを押《お》した。たちまち、車体《しゃたい》の両側《りょうがわ》からロケットが何基《なんき》もあらわれた。

「ほう、こりゃなかなかのもんだな」

グルーは感心《かんしん》した。

「しかも、ハイブリ――」

ハイブリッドと言《い》おうとしたドルーだが、グルーにさえぎられた。

「おい、ちゃんと前《まえ》を見《み》ろ！」

行《ゆ》く手《て》に、干《ほ》し草《くさ》を積《つ》んだトラクターがいる！　危《あぶ》ない、ぶつかる！　ドルーは急《きゅう》ハンドルを切《き》った。間一髪《かんいっぱつ》。トラクターをよけることができた。が、車《くるま》はそのまま横《よこ》すべりして、崖《がけ》から落《お》ちていく！　崖《がけ》の下《した》は、海《うみ》だ。

「ウー！」

「ウワー！」

ふたりの絶叫《ぜっきょう》が響《ひび》く。ドルーは必死《ひっし》に、運転席《うんてんせき》の横《よこ》のボタンをいくつも押《お》した。すると、車《くるま》からロープがとびだし、先端《せんたん》についている銛《もり》が崖《がけ》の岩肌《いわはだ》に突《つ》きささった。車《くるま》は岩肌《いわはだ》にぴたりと吸《す》いつき、そのままゴツゴツした崖《がけ》をのぼっていった。

車体《しゃたい》が左右《さゆう》に揺《ゆ》さぶられ、グルーは助手席《じょしゅせき》から振《ふ》り落《お》とされた。が、必死《ひっし》に窓枠《まどわく》にしがみつき、海《うみ》に落《お》ちずにすんだ。座席《ざせき》の傾《かたむ》きが変《か》わって、なんとか助手席《じょしゅせき》に戻《もど》ることができた。

「助《たす》けてくれえ！　こんなドライブ楽《たの》しくないぞ！」

悪党《あくとう》モービルは崖《がけ》からとびあがり、空中《くうちゅう》で回転《かいてん》しながら、すとんと道路《どうろ》に戻《もど》っていった。

さて、こちらはお祭《まつ》り会場《かいじょう》。音楽《おんがく》に合《あ》わせ、男《おとこ》たちが陽気《ようき》に踊《おど》っている。ルーシーと三姉妹《さんしまい》、執事《しつじ》のフリッツは、人《ひと》ごみのあいだを縫《ぬ》うようにして進《すす》んでいく。

「まあ、これなんのお祭《まつ》り？」

ルーシーはフリッツに尋《たず》ねた。

「チーズ祭《まつ》りです。フリードニアで毎年《まいとし》おこなわれているんです」

「ねえ見《み》て！　キャンディだよ！」

アグネスがイディスの手《て》を引《ひ》っぱって、キャンディ売《う》り場《ば》に走《はし》っていった。ヒヨコの形《かたち》の棒《ぼう》つきキャンディを手《て》に、アグネスは目《め》を輝《かがや》かせている。

「ルーシー、これ買《か》っていい？」

イディスとアグネスは、ルーシーのもとに駆《か》けよった。ルーシーは子《こ》どもたちにかがみこんだ。

「いいわよ。でも、ひとり一個《いっこ》ね」

と言《い》い、小銭《こぜに》をわたした。

「え〜、ひとつだけ？」

たちまちイディスとアグネスのあいだから、不満《ふまん》の声《こえ》があがった。ルーシーはにっこり笑《わら》い、今度《こんど》は紙幣《しへい》を出《だ》した。

「嘘《うそ》よ。好《す》きなだけ買《か》いなさい。どうぞ」

ウワー！　文句《もんく》が歓声《かんせい》に変《か》わった。ふたりは勇《いさ》んで、売《う》り場《ば》に走《はし》っていった。そのやり取《と》りを見《み》ていた長女《ちょうじょ》のマーゴが、遠慮《えんりょ》がちにルーシーに言《い》った。

「えーあのー、たまには〝ダメ〟って言《い》ってもいいんだよ。ママには厳《きび》しさも必要《ひつよう》でしょ？」

「そう、そのとおり」

ルーシーはきっぱりと言《い》った。

「厳《きび》しさも必要《ひつよう》ね。そこのところはキチンとやるわ。まだ手探《てさぐ》り中《ちゅう》でね。新米《しんまい》ママだから」

「キャ〜〜〜〜〜、ユニコーンだ!!!」

アグネスが一軒《いっけん》の店《みせ》を指《ゆび》さした。屋根《やね》の上《うえ》に、ユニコーンの形《かたち》をした風見鶏《かざみどり》がついている。うれしくて、アグネスはとびあがって喜《よろこ》んだ。

「中《なか》に入《はい》ってもいい？　お願《ねが》い、お願《ねが》い」

アグネスはルーシーにせがんだ。そのとき、店《みせ》の中《なか》から、男《おとこ》がひとり叩《たた》きだされた。体《からだ》の大《おお》きな別《べつ》の男《おとこ》が店《みせ》の入《い》り口《ぐち》に立《た》ちふさがり、口汚《くちぎたな》くののしっている。およそ、子《こ》どもの入《はい》れる店《みせ》とは思《おも》えない。

「うーん、そうね」

ルーシーはことばを選《えら》んだ。

「でも、その前《まえ》に、えーと」

ルーシーの目《め》に、ダンスをしている一団《いちだん》がとびこんできた。

「ほら！　フリードニアの伝統的《でんとうてき》なダンスよ。面白《おもしろ》そうじゃない？」

民族衣装《みんぞくいしょう》に身《み》を包《つつ》んだグループが、声《こえ》をそろえて叫《さけ》んだ。

「チーズチーズチーズチーズ！」

あたりに紙《かみ》ふぶきが舞《ま》う。ルーシーは浮《う》き浮《う》きした足取《あしど》りで、その一団《いちだん》に近《ちか》づいた。

よく見《み》ると、男《おとこ》の子《こ》たちが女《おんな》の子《こ》たちに、チーズを渡《わた》している。が、中《なか》にひとり、誰《だれ》にもチーズを受《う》けとってもらえないブーツをはいた小太《こぶと》りの男《おとこ》の子《こ》がいる。

「あの子《こ》、かわいそうに。そうだ、マーゴ。あなた行《い》って、チーズをもらってあげたら？」

「絶対《ぜったい》、いや！」

「そうよね……」

と、ルーシーは言《い》いかけたが、ハッと思《おも》いなおした。ダメダメ。母親《ははおや》には厳《きび》しさも必要《ひつよう》よ。

「ちょっとまって。あの子《こ》にチーズをもらってきなさい。今《いま》すぐ！」

「なんですって？」

ルーシーの態度《たいど》が突然変《とつぜんか》わったので、マーゴは目《め》をぱちくりさせた。

「ママには厳《きび》しさも必要《ひつよう》なんでしょ？」

ルーシーは両手《りょうて》を腰《こし》に当《あ》てた。マーゴは納得《なっとく》できない表情《ひょうじょう》になった。

「厳《きび》しさが必要《ひつよう》なのは、妹《いもうと》たちよ。わたしじゃない」

「いいから、行《い》ってきなさい。行《い》ったからって、罰《ばち》は当《あ》たらないわ」

マーゴは男《おとこ》の子《こ》を見《み》やった。しょんぼり、うなだれている。それを見《み》て、少《すこ》し心《こころ》が動《うご》かされた。

マーゴが近《ちか》づいてくるのを見《み》て、少年《しょうねん》の顔《かお》が見《み》る見《み》る輝《かがや》いた。

「こんにちは。わたしはマーゴ」

「こんにちは、マルゴ。ぼ、ぼくはニコ」

ニコはチーズののった皿《さら》を、高《たか》く掲《かか》げた。

「ぼくのチーズ、食《た》べてくれる？」

ふうっ。しかたないわね。マーゴは嫌々《いやいや》、チーズを口《くち》に入《い》れた。

「チーズチーズチーズチーズ！」

周囲《しゅうい》で成《な》り行《ゆ》きを見守《みまも》っていた大人《おとな》たちが、うれしそうに叫《さけ》んだ。

「やった、やったあ！」

ニコは興奮《こうふん》して、マーゴの手《て》を取《と》って踊《おど》りはじめた。それを見《み》て、ルーシーも喜《よろこ》んだ。わたしは母親《ははおや》として、正《ただ》しいことをしたのよ！　隣《となり》に立《た》っていた男《おとこ》を肘《ひじ》でつつき、高《たか》らかに告《つ》げた。

「ねえ、今《いま》の見《み》た？　わたしって、良《い》いママでしょ？」

そう言《い》って、ふと周囲《しゅうい》を見《み》ると、アグネスとイディスがいない。やだ、ふたりとも、どこ行《い》っちゃったのかしら？

ルーシーはあわてた。嫌《いや》な予感《よかん》がする。

11

イディスとアグネスは、一軒《いっけん》の店《みせ》に入《はい》っていった。ユニコーンの風見鶏《かざみどり》が屋根《やね》についた店《みせ》だ。中《なか》は穴倉《あなぐら》のようにうす暗《ぐら》かった。ふたりとも、そこが酒場《さかば》であることは知《し》らない。酒《さけ》を立《た》ち飲《の》みしていた男《おとこ》たちは、ふたりをじろりと見《み》た。

なんだ、このガキどもは？

イディスは、なんだか落《お》ちつかなかった。来《き》てはいけない場所《ばしょ》に来《き》てしまった気《き》がする。と、アグネスが大声《おおごえ》で叫《さけ》んだ。

「見《み》て！　ユニコーンの角《つの》だ！」

アグネスの指《ゆび》さすほうを、イディスは見《み》た。たしかにバーカウンターの上《うえ》に、ユニコーンの角《つの》が飾《かざ》られている。

「うれしくて、頭《あたま》が爆発《ばくはつ》しちゃいそう！」

「アグネス、あれは偽物《にせもの》だよ」

イディスが言《い》うと、カウンターの中《なか》にいた男《おとこ》が振《ふ》りむいた。この店《みせ》のバーテンダーだ。口《くち》ひげを生《は》やし、チェックのシャツにエプロンをつけている。

「偽物《にせもの》だと？　これは正真正銘《しょうしんしょうめい》の本物《ほんもの》だ。〝ねじれの森《もり》〟で見《み》つけたんだ。ユニコーンがまだ生《い》きてるのは、地球《ちきゅう》であそこだけだ」

バーテンダーは夢見《ゆめみ》るような顔《かお》で、角《つの》を胸《むね》に抱《だ》いた。

ワーッハッハ！　周囲《しゅうい》にいた客《きゃく》たちは、いっせいに笑《わら》いだした。また始《はじ》まったぜ、と言《い》いたげに。笑《わら》いすぎて、入《い》れ歯《ば》がとびだした者《もの》もいる。ダーツをしていた客《きゃく》は、手《て》もとがくるって、別《べつ》の客《きゃく》の顔《かお》に矢《や》を命中《めいちゅう》させてしまった。

「笑《わら》いたけりゃ、笑《わら》うがいいさ。どうせ、おれが幻《まぼろし》でも見《み》たと思《おも》ってるんだろ？」

バーテンダーはイディスとアグネスに顔《かお》を近《ちか》づけ、ささやいた。

「けど、ほんとうに見《み》たんだ。この目《め》でな」

「本物《ほんもの》の生《い》きてるユニコーンを見《み》たの？　どんな感《かん》じだった？　撫《な》でてみた？　キャ

ンディみたいなにおいがした？　モフモフだった？」

アグネスは興奮《こうふん》して、カウンターに身《み》を乗《の》りだした。

「とってもモフモフだった」

バーテンダーが答《こた》えた。

「ユニコーンを見《み》られて、死《し》んでもいいと思《おも》ったよ！」

アグネスはこくこくとうなずいた。わかる、わかる、というように。

「あたしにも見《み》つけられるかな？」

アグネスが角《つの》にさわろうと手《て》を伸《の》ばすと、バーテンダーはさっと角《つの》を引《ひ》っこめた。

「心《こころ》のきれいな子《こ》が〝ねじれの森《もり》〟に行《い》けば、ユニコーンがあらわれて、その子《こ》のものになるって話《はなし》だ。永遠《えいえん》にな」

「ウ――――ワ――――――！」

アグネスは絶叫《ぜっきょう》した。

表《おもて》でふたりを探《さが》していたルーシーの耳《みみ》にも、その声《こえ》は聞《き》こえた。アグネスの声《こえ》だ！

何《なに》かあったのね！

ルーシーは酒場《さかば》にとびこむと、

「ハイヤー！」

近《ちか》くにいた男《おとこ》を足蹴《あしげ》りで倒《たお》した。さらに店《みせ》にいる男《おとこ》たちを、片《かた》っ端《ぱし》からやっつけていきながら、バーカウンターに突進《とっしん》していった。

「大丈夫《だいじょうぶ》？　ママが来《き》たから心配《しんぱい》ないわ。無事《ぶじ》だった？」

アグネスを抱《だ》きあげ、矢継《やつ》ぎ早《ばや》に声《こえ》をかけた。

「あたしたちは大丈夫《だいじょうぶ》だけど……そっちはどう？」

イディスが白《しら》けた顔《かお》で言《い》った。

「ユニコーンが、ほんとうにいたんだ！　あたしも絶対《ぜったい》に見《み》つけるぅぅぅ～！」

アグネスはルーシーの腕《うで》からとびおりた。

「探《さが》しに行《い》かなくっちゃ！」

そう叫《さけ》んで、店《みせ》から駆《か》けだしていった。あとに残《のこ》されたルーシーは、ばつが悪《わる》い思《おも》いで、周囲《しゅうい》の客《きゃく》に謝《あやま》った。

「お騒《さわ》がせして、ごめんなさい。叫《さけ》び声《ごえ》が聞《き》こえたから、つい母性本能《ぼせいほんのう》が出《で》ちゃって。

「じゃ、みなさん、ごゆっくり」

そう言《い》って。イディスとともに、そそくさと店《みせ》から出《で》ていった。

悪党《あくとう》モービルが広場《ひろば》に入《はい》っていくと、キキーッ！　ドルーは急《きゅう》ブレーキを踏《ふ》んだ。

その横《よこ》には、ピンクのキャンディカーが駐車《ちゅうしゃ》している。

「ちょっと、ここで待《ま》っててくれ」

ドルーは助手席《じょしゅせき》のグルーを乗《の》りこえていくと、道具《どうぐ》を取《と》りだし、キャンディカーのカウンターの錠《じょう》をこじあけ、中《なか》をのぞきこんだ。

戻《もど》ってきたとき、ドルーの手《て》には、二本《にほん》の棒《ぼう》つきキャンディが握《にぎ》られていた。

「あんたはキャンディを盗《ぬす》みに行《い》ったのか？」

「当《あ》たり」

グルーはあきれた。たかがキャンディをふたつ盗《ぬす》むために、こんな大《おお》げさな悪党《あくとう》モービルに乗《の》ってやってきたとは。しかも道中《どうちゅう》、崖《がけ》から落《お》ちそうになるという危険《きけん》を冒《おか》しながら。

「プープー！」

サイレンの音《おと》が響《ひび》いた。そちらを見《み》ると。警官《けいかん》の一団《いちだん》が自転車《じてんしゃ》で向《む》かってくる。サイレンは手動式《しゅどうしき》で、手《て》でハンドルを回《まわ》して音《おと》を出《だ》している。さすが、のどかなフリードニアだ。

「見《み》つかった！　警察《けいさつ》だ、どうしよう？」

ドルーはあわてた。グルーはすばやく運転席《うんてんせき》に移動《いどう》すると、ドルーの頭《あたま》をつかんで助手席《じょしゅせき》に乗《の》せた。

「さあ、行《い》こう！　面白《おもしろ》くなるぞ」

グルーは車《くるま》のギアを入《い》れ、思《おも》いきりアクセルペダルを踏《ふ》んだ。悪党《あくとう》モービルは、広《ひろ》場《ば》をとびだしていった。そのあとを、自転車《じてんしゃ》の警官《けいかん》たちが追《お》いかけていく。

悪党《あくとう》モービルは、広場《ひろば》の階段《かいだん》を駆《か》けおりていった。

「警察《けいさつ》に捕《つか》まっちまう。もうダメだ！」

ドルーはあわてた。が、グルーはかえって闘志《とうし》に火《ひ》がついたらしい。猛然《もうぜん》ととばしていく。

と、行《ゆ》く手《て》にブタの集団《しゅうだん》があらわれた。轢《ひ》いたらまずい！　グルーは急《きゅう》ブレーキを踏《ふ》んだ。車《くるま》は横《よこ》すべりしながら、間一髪《かんいっぱつ》のところで停《と》まった。

そのとき、タイヤからグイーンと棒《ぼう》が伸《の》びて、悪党《あくとう》モービルの車体《しゃたい》を高《たか》く持《も》ちあげた。警官《けいかん》たちは急《きゅう》に自転車《じてんしゃ》を停《と》められず、タイヤと車体《しゃたい》のあいだを次々《つぎつぎ》に駆《か》けぬけていく。

グルーはそのままアクセルを踏《ふ》み、急発進《きゅうはっしん》した。狭《せま》い路地《ろじ》を次々《つぎつぎ》と走《はし》っていく。そのあとを、今度《こんど》はブタにまたがった警官《けいかん》たちが追《お》いかける。が、悪党《あくとう》モービルの馬力《ばりき》にかなうはずがない。

「ワーッハッハ！」

グルーは高笑《たかわら》いをした。と、盲導犬《もうどうけん》を連《つ》れ、杖《つえ》をついた老人《ろうじん》が道《みち》を横切《よこぎ》ろうとしている。

グルーは運転席《うんてんせき》の横《よこ》のボタンを押《お》した。悪党《あくとう》モービルのフロント部分《ぶぶん》の先端《せんたん》がロケット状《じょう》に変形《へんけい》し、ドリルのように回転《かいてん》。車体《しゃたい》が空《そら》に浮《う》かび、老人《ろうじん》をとびこえていった。

そして着地《ちゃくち》――のはずが、勢《いきお》いがありすぎて、ガッシャーン！　道路《どうろ》に突《つ》っこんでしまった。

悪党《あくとう》モービルはそのまま地面《じめん》の中《なか》を走《はし》り、崖《がけ》からとびだした。崖《がけ》の先《さき》は海《うみ》……。ドボーンッ‼　海《うみ》に沈《しず》んでから浮《う》きあがると、グルーとドルーは大笑《おおわら》いをした。

「兄弟《きょうだい》、今《いま》のはヤバかったな。おまえはいかれてる。もう少《すこ》しで逮捕《たいほ》されるとこだった」

「正直《しょうじき》、あんたはおもらしすると思《おも》ったよ」

グルーが言《い》うと、ドルーはうつむいた。

「実《じつ》は、しちゃったんだ」

「もらしたのか？」

ふたりは、大笑《おおわら》いした。こんな逃走劇《とうそうげき》は久《ひさ》しぶりだ。やっぱりワクワクするぜ。グルーは胸《むね》の高鳴《たかな》りをおさえられなかった。

12

さて一方《いっぽう》、グルーのもとから脱走《だっそう》したミニオンたちは、行《い》く当《あ》てもなく、メルを先《せん》頭《とう》にぞろぞろ通《とお》りを歩《ある》いていた。

「タトゥ」

「タトゥ」

みんな疲《つか》れたらしく、口々《くちぐち》に不満《ふまん》の声《こえ》があがる。なかには、仲間《なかま》の肩《かた》にもたれて足《あし》を引《ひ》きずっているミニオンもいる。そこに、一台《いちだい》のバイクが通《とお》りかかった。荷台《にだい》に、ピザの箱《はこ》が山《やま》のように積《つ》んである。

腹《はら》を空《す》かせていたミニオンたちの顔《かお》が、パッと輝《かがや》いた。

「オーピザ！」

「タラクベ！」

「ピザ！　ピザ！」

みんないっせいに、駆《か》けだした。バイクは大《おお》きな門《もん》の中《なか》に入《はい》っていった。門《もん》の内側《うちがわ》に守衛室《しゅえいしつ》があり、守衛《しゅえい》が暇《ひま》そうに新聞《しんぶん》を読《よ》んでいる。ピザ屋《や》のバイクを見《み》ると、守衛《しゅえい》は敷地内《しきちない》に入《はい》るセーフティバーを上《あ》げた。次《つぎ》の瞬間《しゅんかん》、守衛《しゅえい》は目《め》をまるくした。

「ピザ、ピザ、ピザ！」

大声《おおごえ》で叫《さけ》びながら、黄色《きいろ》い一団《いちだん》がチョコマカと、守衛室《しゅえいしつ》の横《よこ》を通《とお》りすぎていくではないか。

「おい、何《なに》してる！」

けれど、ミニオンたちはセーフティバーの下《した》をくぐりぬけていく。守衛《しゅえい》はトランシーバーをつかんだ。

「侵入者《しんにゅうしゃ》あり！　侵入者《しんにゅうしゃ》あり！」

「ピザ、ピザ」

建物《たてもの》の角《かど》を曲《ま》がったバイクを追《お》いかけ、ミニオンたちは走《はし》った。そのうしろから、ガードマンがふたり、追《お》ってくる。それぞれ、獰猛《どうもう》そうな犬《いぬ》のリードを引《ひ》っぱっている。

「いたぞ！　止《と》まれ！」

ガードマンが怒鳴《どな》った。

うわあ、犬《いぬ》だ！　メルは、ステージB《ビー》と記《しる》された一室《いっしつ》のドアをあけ、押《お》さえた。ミニオンたちは、そのドアの中《なか》になだれこんだ。みんなが入《はい》ったのを見《み》とどけると、メルもさっとドアの内側《うちがわ》に身《み》をすべらせた。

ウーワンワン！　二頭《にとう》の犬《いぬ》は、ドアを引《ひ》っかいた。ガードマンはドアを引《ひ》いたが、動《うご》かない。中《なか》から錠《じょう》が下《お》ろされているらしい。

「カミン、カミン」

真《ま》っ暗《くら》ななか、メルは先頭《せんとう》を進《すす》んだ。と、いきなり天井《てんじょう》のライトがついて、みんなはびっくりした。

「オラ！」

そこはステージの上《うえ》だった。目《め》の前《まえ》にはぎっしり埋《う》まった客席《きゃくせき》があり、最前列《さいぜんれつ》は審《しん》査員席《さいんせき》と記《しる》され、厳《きび》しい顔《かお》をした三人《さんにん》が、ミニオンたちを見《み》つめている。

いったい、ここは——？

ミニオンたちが呆気《あっけ》に取《と》られていると、ステージからするすると、スタンドマイクが伸《の》びてきた。『パイレーツ・オブ・ペンザンス』の音楽《おんがく》が流《なが》れだす。ここは歌《うた》のオーディション会場《かいじょう》だったのだ。

「トエコエ！」

三匹《さんびき》のミニオンが、メルの体《からだ》を強引《ごういん》に前《まえ》に押《お》していった。

「ノーノー」

メルは逆《さか》らったが、マイクの前《まえ》に立《た》たされてしまった。

「エ〜」

どうやら歌《うた》うしかなさそうだ。

「ピトパタ、パタチェリ〜♪」

メルはしかたなく歌《うた》いだした。

「ムカトキャ、ピラパサ、パタパタ、ルキャピタ〜♪」

しだいにノッてきて、スタンドを斜《なな》めに倒《たお》し、マイクを手《て》にして歌《うた》った。

「ピザラポポパベラ〜♪　ピザラポポパベラ〜♪」

うしろに控《ひか》えていたミニオンたちも、声《こえ》をそろえて合唱《がっしょう》した。メルは興奮《こうふん》し、最前《さいぜん》列《れつ》にいるミニオンたちと歌《うた》いながらハイタッチした。

そこへ、客席《きゃくせき》のうしろのドアがあき、ガードマンたちがとびこんできた。ミニオン一同《いちどう》はそんなことも知《し》らずに、歌《うた》いつづけている。

一団《いちだん》の中《なか》から、頭《あたま》に羽飾《はねかざ》りをつけてフリフリのフレンチカンカンのスカートを穿《は》いたミニオンが進《すす》みでた。くるりと振《ふ》りむいてスカートをめくり、スマイリーマークの描《えが》かれたパンツを見《み》せる。残《のこ》りのミニオンたちはピンク色《いろ》のトイレットペーパーを手《て》に、歌《うた》って踊《おど》った。まるで、ミニオン・オン・ステージだ。

「ピザレラララタタタ、ピザレラララタタタ〜♪」

ガードマンたちは、客席《きゃくせき》の横《よこ》の階段《かいだん》を駆《か》けおりてくる。

「急《いそ》げ！　誰《だれ》も逃《に》がすんじゃないぞ！」

ちょうどそのとき、

「ララ〜！」

ハート形《がた》に並《なら》んだミニオンの大合唱《だいがっしょう》が終《お》わった。

「すばらしい！」

客席《きゃくせき》は大喝采《だいかっさい》だった。観客《かんきゃく》は立《た》ちあがり、声援《せいえん》を送《おく》った。ミニオンも大喜《おおよろこ》びだ。誰《だれ》かが叫《さけ》ぶ。

「あいつらのT《ティー》シャツを作《つく》れ！」

そこへ、ガードマンの一行《いっこう》がステージ上《じょう》にあらわれた。

「動《うご》くな、じっとしていろ！」

ガードマンの声《こえ》が響《ひび》きわたる。

13

海辺《うみべ》にロープを張《は》り、ドルーは濡《ぬ》れた服《ふく》を掛《か》けていた。グルーはシャツにパンツ一丁《いっちょう》という姿《すがた》で、浜《はま》で日光浴《にっこうよく》をしている。

「はぁ……なあ、認《みと》めろよ、グルー」

振《ふ》りかえり、ドルーが言《い》った。

「おまえは、根《ね》っからの悪党《あくとう》だ。あのゾクゾクするようなスリルと興奮《こうふん》が恋《こい》しくないのか？　これっぽっちも？」

「まあ、そりゃ、ちょっとは」

グルーはことばを濁《にご》した。正直言《しょうじきい》うと、ときどき無性《むしょう》に悪党時代《あくとうじだい》が恋《こい》しくなる。もともとは、子《こ》どもの頃《ころ》から悪事《あくじ》に手《て》を染《そ》めてきた、筋金入《すじがねい》りの悪党《あくとう》だ。三姉妹《さんしまい》のため

に足《あし》を洗《あら》ったとはいえ、根《ね》っこの部分《ぶぶん》では、大悪党《だいあくとう》だった父親《ちちおや》ゆずりの本能《ほんのう》がうずくのは否定《ひてい》できなかった。

グルーの隣《となり》に腰《こし》をおろし、ドルーは続《つづ》けた。

「今《いま》がトップに返《かえ》り咲《ざ》くチャンスだぞ。男《おとこ》の中《なか》の男《おとこ》、グルーに戻《もど》るんだ。そうなったら、最高《さいこう》じゃないか！」

「うーん」

グルーは浜辺《はまべ》に寝《ね》っ転《ころ》がった。

「おい、グルー。よく考《かんが》えろよ」

ドルーはグルーの顔《かお》に自分《じぶん》の顔《かお》を近《ちか》づけ、ささやいた。

「一度《いちど》でいいんだ。おまえが盗《ぬす》みたいと思《おも》うものが、まだ何《なに》かあるはずだ。きっとどこかに」

グルーはドルーの目《め》を見《み》て、次《つぎ》に空《そら》を見《み》た。

「……実《じつ》はあるんだ。世界《せかい》でいちばん大《おお》きなダイヤモンドを盗《ぬす》むってのはどうだ？」

そう言《い》って、グルーはがばっと身《み》を起《お》こした。

「最高《さいこう》に気《き》に入《い》った！」

ドルーは浜辺《はまべ》でとびあがった。

「ありがとう、兄弟《きょうだい》。心《こころ》の底《そこ》からお礼《れい》を言《い》うよ」

そのまま海《うみ》に入《はい》り、バシャバシャ水《みず》を体《からだ》にかけた。グルーもいっしょになって、ふたりで水《みず》のかけっこをした。

「そうと決《き》まったら、お祝《いわ》いしなきゃな」

ドルーはグルーの肩《かた》を抱《だ》いた。グルーが言《い》った。

「実《じつ》は、俺《おれ》に良《い》い考《かんが》えがあるんだ」


ドルーの家《いえ》ではディナーの時間《じかん》になった。やたら長《なが》いテーブルの真《ま》ん中《なか》の席《せき》に、イディス、アグネス、マーゴ、ルーシーの順《じゅん》で並《なら》んでいる。

「フリッツ、我《わ》が友《とも》。あたらしいナプキンを持《も》ってきてくださるかしら？」

イディスが上流階級《じょうりゅうかいきゅう》を気取《きど》って、フリッツに命令《めいれい》した。その横《よこ》では、アグネスがずるずるっと音《おと》を立《た》て、スパゲッティを吸《す》いこんでいる。

「かしこまりました、イディス様《さま》」

フリッツが戸棚《とだな》をあけると、中《なか》に隠《かく》れていたデイブとジェリーがラッパを吹《ふ》いた。

「ワッ」

フリッツはびっくりして、のけぞった。その様子《ようす》を見《み》て、デイブとジェリーはケタケタ笑《わら》った。イディスやマーゴも笑《わら》った。

「ところで、グルーはどうしたのかしら？」

銀《ぎん》の大皿《おおざら》から料理《りょうり》を取《と》り分《わ》けながら、ルーシーがつぶやいた。と、ダイニングのドアがあいて、白《しろ》いスーツ姿《すがた》のドルーが入《はい》ってきた。

「こっちだよ〜〜〜〜〜〜！」

横《よこ》から、黒《くろ》ずくめのグルーもあらわれた。

「やあ、調子《ちょうし》はどうだ？」

兄弟《きょうだい》は顔《かお》を見合《みあ》わせ、にやっと笑《わら》った。実《じつ》はグルーがドルーに変装《へんそう》し、ドルーがグルーに化《ば》けているのだ。ドルーは頭《あたま》をツルツルに見《み》せるため、ぴたりとした肌色《はだいろ》の帽子《ぼうし》をかぶってごまかしている。

「おれがグルーだ」

「そして、僕《ぼく》はドルー。みんなをハグしてまわるぞ。嫌《きら》われてもね」

「なんで、お互《たが》いの真似《まね》してるの？」

アグネスがささやいた。その横《よこ》で、イディスがぷっと噴《ふ》きだした。子《こ》どもたちの純《じゅん》粋《すい》な目《め》は騙《だま》せないのだ。それでもグルーとドルーは、入《い》れかわったままの芝居《しばい》を続《つづ》けた。

「ディナーはなんだ？　これはあまり好《す》かんな。何《なに》しろ俺《おれ》は気難《きむずか》し屋《や》だから」

グルーのふりをしてドルーが言《い》い、ルーシーの横《よこ》に座《すわ》った。

「僕《ぼく》は笑《わら》ってばっかり。アホみたいだ」

ドルーのふりをしたグルーは、長《なが》いテーブルの端《はし》の席《せき》に着《つ》いた。ふたりは顔《かお》を見合《みあ》わせ、ガハハと笑《わら》うと、互《たが》いに近《ちか》づく。

「あーおかしいったらない」

と、本物《ほんもの》のグルー。

「みんなの顔《かお》を見《み》ろ。呆然《ぼうぜん》としている」

こちらは、本物《ほんもの》のドルー。ふたりは変装《へんそう》をしたまま、素《す》の自分《じぶん》たちに戻《もど》った。

「ほら、見《み》ろ。俺《おれ》だ、グルーだ」

グルーは金髪《きんぱつ》のかつらをはずした。ドルーも帽子《ぼうし》を脱《ぬ》いで、いつものふさふさの髪《かみ》にもどった。

「そして、僕《ぼく》はドルー。お互《たが》い入《い》れかわってたんだ」

そんなこと、はじめからわかってるのに……みんな白《しら》けた顔《かお》になった。ルーシーが頬杖《ほおづえ》をついて言《い》った。

「よかったわね、仲《なか》よくなれて」

「あー俺《おれ》たちは……」

グルーが言《い》うと、ドルーが続《つづ》けた。

「ぴったり息《いき》が合《あ》ってる」

ふたりは顔《かお》を見合《みあ》わせた。

「今《いま》、俺《おれ》たち……」

「ふたりで……」

「ひとつの文《ぶん》を……」

互《たが》いに言《い》いながら、最後《さいご》は声《こえ》を合《あ》わせた。

「完成《かんせい》させた！」

そして、手《て》を打《う》ちあわせた。

「それはよかった。気持《きも》ち悪《わる》くはないけど、そろそろやめてくれる？」

ルーシーはそっけなく言《い》った。

「悪《わる》い、悪《わる》い。双子《ふたご》だから、しょうがないんだ」

「ふ〜ん、そう？　ところで今日《きょう》は何《なに》をしたの？」

ルーシーは尋《たず》ねた。グルーとドルーが声《こえ》を合《あ》わせて答《こた》えた。

「なんにも」

「そう？」

ルーシーは納得《なっとく》のいかない顔《かお》だった。出会《であ》ったときは帰《かえ》ろうとまでしたグルーなのに、こんなに息《いき》が合《あ》うなんて、何《なに》かあったにちがいない。元捜査官《もとそうさかん》の勘《かん》だ。

食事《しょくじ》をガツガツ食《た》べていたアグネスが、急《いそ》いで席《せき》から立《た》ちあがり、ドアのほうに走《はし》っていった。

「失礼《しつれい》、そこどいて！　お休《やす》み！」

そう言《い》って、ドアの前《まえ》の席《せき》にいるグルーの横《よこ》を、駆《か》けぬけようとした。

「待《ま》て。何《なに》をそう急《いそ》いでるんだ？」

グルーはアグネスの肩《かた》に手《て》をやり、尋《たず》ねた。

「早寝早起《はやねはやお》きして、明日《あした》ユニコーンを探《さが》しにいくの。じゃあ、お休《やす》み！」

アグネスがドアの向《む》こうに消《き》えると、グルーは首《くび》をかしげた。

「なんの話《はなし》だ？」

「明日《あした》、森《もり》でユニコーンを見《み》つけるんだって。どうかしてるよ」

イディスがフォークにスパゲッティを巻《ま》きつけながら、答《こた》えた。ルーシーがため息《いき》をついた。

「誰《だれ》かがほんとうのことを教《おし》えてあげなくちゃ。わたしは嫌《いや》よ」

「心配《しんぱい》するな。親《おや》なら、誰《だれ》でも一度《いちど》は通《とお》る道《みち》。俺《おれ》が行《い》く」

グルーが席《せき》を立《た》った。

姉妹《しまい》に用意《ようい》された部屋《へや》は、ピンクの壁紙《かべがみ》にレースのカーテンというかわいらしいもので、部屋《へや》の隅《すみ》に三段《さんだん》ベッドが置《お》かれている。アグネスはそのいちばん上《うえ》の段《だん》のベッドで、ちょこんと座《すわ》ってお祈《いの》りしていた。

「ユニコーンがうちにきてくれますように。毎日《まいにち》、ユニコーンに乗《の》って学校《がっこう》に行《い》けますように。そしてあたしといっしょにねんねしてくれますように」

それをドアの陰《かげ》で聞《き》いていたグルーは、ため息《いき》をついた。まったく、どうしてアグネスはユニコーンがいると思《おも》いこんでいるんだ？ アグネスが傷《きず》つくときのことを思《おも》うと、グルーの胸《むね》が痛《いた》んだ。

「あと、魔法《まほう》で算数《さんすう》の勉強《べんきょう》を手伝《てつだ》ってくれるといいな。アーメン」

最後《さいご》の祈《いの》りを終《お》えると、アグネスは、毛布《もうふ》をかぶってベッドに横《よこ》になった。そのとき、ドアの陰《かげ》にグルーがいることに気《き》づいた。

「あれ、グルーさん」

「よう、アグネス。明日《あした》が楽《たの》しみだな」

グルーは部屋《へや》に入《はい》ると、三段《さんだん》ベッドの梯子《はしご》をのぼっていった。アグネスは目《め》を輝《かがや》かせ、ベッドから起《お》きあがった。

「とうとう、ユニコーンに会《あ》えるんだよ。本物《ほんもの》のユニコーンに。見《み》つけたら、うちに連《つ》れてってもいい？　お願《ねが》い」

グルーは梯子《はしご》をのぼりきると、アグネスの顔《かお》を見《み》つめた。

「ああ、いいとも。見《み》つけたユニコーンは全部《ぜんぶ》連《つ》れて帰《かえ》っていい。でっかい囲《かこ》いを作《つく》ってやる」

グルーはそこで、ひと呼吸《こきゅう》置《お》いた。

「でも、いいか？　見《み》つけられないかもしれないんだぞ」

そのとたん、アグネスの大《おお》きな目《め》から涙《なみだ》がこぼれそうになった。グルーはあわてた。

「いやその、明日《あした》はユニコーンを見《み》つけるにはいい天気《てんき》じゃないし、なかなか見《み》つからないかもしれん。それに、もしかしたら、ユニコーンはたぶん……見《み》つけるのが難《むずか》しいかもしれない。それに、この近《ちか》くの森《もり》には……」

「でも、あのおじさんが言《い》ってたもん。心《こころ》がきれいな子《こ》には見《み》つけられるって。あたしの心《こころ》、きれいでしょ？　ちがう？」

アグネスはグルーの目《め》をじっと見《み》つめた。

「ああ、世界一《せかいいち》きれいだ」

アグネスは安心《あんしん》したように、もう一度《いちど》ベッドに横《よこ》になった。

「おしゃべりは、もうおしまい。早《はや》く寝《ね》なくっちゃ」

そう言《い》って、目《め》を閉《と》じた。「ユニコーンが大好《だいす》き♪　ユニコーンが大好《だいす》き♪」と歌《うた》いながら。グルーはそっと声《こえ》をかけた。

「お休《やす》み、アグネス」

「お休《やす》み、グルーさん」

グルーはアグネスの頬《ほお》に、優《やさ》しくキスをした。そうして梯子《はしご》をおりようとしたが、途中《とちゅう》で足《あし》を踏《ふ》み外《はず》して床《ゆか》に落《お》ちてしまった。

「ウワ〜〜〜〜！」

思《おも》わず大《おお》きな声《こえ》があがる。

「大丈夫《だいじょうぶ》、大丈夫《だいじょうぶ》だ」

うめきながら、部屋《へや》の明《あ》かりを消《け》した。

14

メルをはじめ、グルーの家《いえ》から出《で》たミニオンたちは、刑務所《けいむしょ》に入《い》れられていた。オーディションの会場《かいじょう》に不法《ふほう》に侵入《しんにゅう》した罪《つみ》だ。みな、横《よこ》じまの囚人服《しゅうじんふく》を着《き》て、頭《あたま》には縦《たて》じまの囚人帽《しゅうじんぼう》をかぶっている者《もの》もいる。

表《おもて》の階段《かいだん》でみんなは指《ゆび》を鳴《な》らし、ふてくされていた。退屈《たいくつ》な毎日《まいにち》に嫌気《いやけ》がさしてグルーの家《いえ》から逃《に》げたのに、行《い》きついた先《さき》が刑務所《けいむしょ》とは。こんなはずじゃなかったのに。

と、ポーン！　ボールがとんできて、一匹《いっぴき》のミニオンの背中《せなか》にぶつかった。ミニオンはムッとした。

口《くち》ひげをはやした囚人《しゅうじん》がやってきた。

「よう、投《な》げかえしてくれや」

「アア？　ヤドウ！」

ミニオンは怒《いか》りにまかせて、ボールを蹴《け》った。ウッ。ボールは囚人《しゅうじん》の腹《はら》にぶつかり、囚人《しゅうじん》は痛《いた》そうに腹《はら》を押《お》さえた。

「ヘーイ！」

ミニオンたちは大喜《おおよろこ》びで、囚人《しゅうじん》を追《お》いかけていった。囚人《しゅうじん》は独房《どくぼう》の並《なら》んでいる建物《たてもの》の中《なか》に逃《に》げこんだ。そのあとを追《お》いかけ、ミニオンたちが指《ゆび》を鳴《な》らしながら隊列《たいれつ》を組《く》んで入《はい》っていった。

廊下《ろうか》にいたほかの囚人《しゅうじん》たちも、あわててそれぞれの独房《どくぼう》の中《なか》にとびこんだ。ミニオンの集団《しゅうだん》はやりたい放題《ほうだい》だった。

囚人《しゅうじん》を脅《おど》して、物《もの》を巻《ま》きあげるミニオン。ダンベルの両側《りょうがわ》を囚人《しゅうじん》たちに持《も》たせて上《あ》げ下《さ》げさせ、自分《じぶん》はバーだけを握《にぎ》っているミニオン。行列《ぎょうれつ》をつくって好《す》きなタトゥーを入《い》れるミニオンたち。風呂場《ふろば》でも、入《はい》ってきた囚人《しゅうじん》をタオルで引《ひ》っぱたいたり……etc《エトセトラ》。

そんな仲間《なかま》からぽつんと離《はな》れて、メルは排水口《はいすいこう》を見《み》つめていた。吸《す》いこまれていくお湯《ゆ》の形《かたち》が、グルーの横顔《よこがお》に似《に》ていたのだ。

メルの頭《あたま》に、グルーとのさまざまな思《おも》い出《で》がよみがえってきた。

自転車《じてんしゃ》から落《お》ちてメソメソしていたときに、怪我《けが》した足《あし》に包帯《ほうたい》を巻《ま》いてくれたグルー。

紙飛行機《かみひこうき》が墜落《ついらく》してペシャンコになったため、大泣《おおな》きしていると、代《か》わりのおもちゃをくれたグルー。

いっしょに釣《つ》りをしたこともあった。釣竿《つりざお》ごと魚《さかな》に持《も》っていかれてしょんぼりしていると、自分《じぶん》の釣竿《つりざお》を貸《か》してくれたグルー。

夕日《ゆうひ》を見《み》ながら、そっと体《からだ》を寄《よ》せてくれたグルー。

思《おも》い出《だ》したら、止《と》まらない。次《つぎ》から次《つぎ》へと思《おも》い出《で》があふれてくる。グルーに会《あ》いたくて、たまらなくなった。

刑務所《けいむしょ》の食事《しょくじ》の時間《じかん》になった。マッシュポテトでグルーの顔《かお》を作《つく》ったメルは、得意《とくい》になって、仲間《なかま》に見《み》せた。

「ナカマ！　クニャラポタ、ロマレ、グルー。ロマレ、グルー」

「グルー！　グルー！」

仲間《なかま》たちも同《おな》じ気持《きも》ちだったようで、たちまち食堂内《しょくどうない》に、皿《さら》がとび交《か》った。ミニオン以外《いがい》の囚人《しゅうじん》たちは、皿《さら》に当《あ》たらないよう、首《くび》をすくめた。


「はい、ワン、ツー、スリー！」

テレビの画面《がめん》では、レオタード姿《すがた》の女《おんな》の人《ひと》がエアロビクスをしている。それに合《あ》わせて、バルタザールも床《ゆか》に転《ころ》がって手足《てあし》を動《うご》かしていた。ヘアバンドをし、紫《むらさき》のランニング、青《あお》い短《たん》パン、レッグウォーマーという格好《かっこう》だ。

「大《おお》きな目的《もくてき》のために、俺《おれ》は訓練《くんれん》してる♪　誰《だれ》も俺《おれ》を止《と》められない♪　俺《おれ》は、スーパーセクシーだからだ♪」

音楽《おんがく》に合《あ》わせてデタラメな歌詞《かし》を口《くち》ずさんでいると、相棒《あいぼう》の四角《しかく》いロボットのクライヴがやってきた。

『ボス。キョウノヨテイハ？』

今度《こんど》はバランスボールにまたがって、バルタザールは答《こた》えた。

「予定《よてい》か？　バカロボ！　教《おし》えてやろう。『悪党《あくとう》ブラット』の特別編《とくべつへん》を見《み》るんだ。ハリウッドへの復讐《ふくしゅう》の仕方《しかた》をたしかめるために」

テレビの画面《がめん》が切《き》りかわり、『悪党《あくとう》ブラット』の映像《えいぞう》が流《なが》れた。まだ幼《おさな》いバルタザールが、邪悪《じゃあく》な顔《かお》でカメラをにらんでいる。それにかぶさるように、アナウンサーの声《こえ》が流《なが》れてきた。


〈今週《こんしゅう》の『悪党《あくとう》ブラット』の始《はじ》まりです！〉

次《つぎ》の場面《ばめん》では、人々《ひとびと》が叫《さけ》びながら逃《に》げていく姿《すがた》が映《うつ》しだされた。

〈キャー！〉

〈ワー、助《たす》けてくれ！〉

何台《なんだい》もの戦車《せんしゃ》とたくさんの兵士《へいし》たちを従《したが》えて、指揮官《しきかん》が叫《さけ》んだ。

〈あれは悪党《あくとう》ブラットの巨大《きょだい》ロボットだ！　撃《う》て！　撃《う》て！〉

兵士《へいし》たちはマシンガンを抱《かか》え、撃《う》ちはじめた。標的《ひょうてき》の巨大《きょだい》ロボットは、ノッシノッシと歩《ある》いている。操縦《そうじゅう》しているのは、ドラマの主人公《しゅじんこう》のブラットだ。ロボット内部《ないぶ》でモニターを見《み》ながらレバーを操作《そうさ》して、ロボットを動《うご》かしている。

〈これでも食《く》らえ！〉

ブラットが赤《あか》いボタンを押《お》すと、ロボットの手《て》に平《ひら》たい装置《そうち》があらわれた。中《なか》からピンクのガムが発射《はっしゃ》され、道路《どうろ》に落《お》ちるとふくらんだ。

〈あれは自動的《じどうてき》にふくらむ、超《ちょう》ベタベタガムだ！　逃《に》げろ！〉

指揮官《しきかん》が叫《さけ》んだ。その場《ば》にいたみんなが、いっせいに逃《に》げだした。

〈みんなで、ガムろう！〉

レバーを握《にぎ》り、ブラットはうれしそうに声《こえ》をあげた。

「みんなで、ガムろう！　ハッハッハッハ」

昔《むかし》の映像《えいぞう》を見《み》ていたバルタザールはバランスボールに乗《の》ったまま、腹《はら》を抱《かか》えて笑《わら》った。

「なんで、この番組《ばんぐみ》が賞《しょう》を取《と》れなかったんだろう？」

かたわらのクライヴに問《と》いかけた。というよりも、自分《じぶん》に向《む》かってつぶやいたのだ。もう一度《いちど》、あの頃《ころ》の栄光《えいこう》を取《と》りもどしたい！　バルタザールの頭《あたま》にあるのは、そのことだけだった。バルタザールは『悪党《あくとう》ブラット』の続《つづ》きを見《み》た。

画面《がめん》では、ブラットの巨大《きょだい》ロボットが自由《じゆう》の女神像《めがみぞう》を押《お》したおし、両手《りょうて》を腰《こし》に当《あ》てている。

〈今度《こんど》はおまえが輝《かがや》く番《ばん》だ、ぼくのダイヤモンド！〉

ブラットは、ロボット内部《ないぶ》に飾《かざ》ってある巨大《きょだい》なダイヤモンドに目《め》をやった。ダイヤから光線《こうせん》が発《はっ》せられた。と、それに反応《はんのう》するように、巨大《きょだい》ロボットの頭《あたま》からも光線《こうせん》が発《はっ》せられた。ビル街《がい》の一角《いっかく》が光線《こうせん》を浴《あ》び、宙《ちゅう》に浮《う》かびあがった。そしてビルもろとも空《そら》の彼方《かなた》にとんでいく。

ロボットの内部《ないぶ》で、ブラットはクライヴを振《ふ》りかえった。

〈なあ、クライヴ。僕《ぼく》たちの計画《けいかく》は、ぶっとんでいたな！〉

テレビの前《まえ》で、バルタザールは大笑《おおわら》いした。

「これこそエンターテインメント！　さあ、これを現実《げんじつ》にしてやろう！」

15

ここは〝ねじれの森《もり》〟。

イディスがカメラを手《て》に、テレビのリポーターのような口調《くちょう》で、でもおどろおどろしく解説《かいせつ》した。

「暗《くら》くて、不気味《ぶきみ》な森《もり》です。目指《めざ》すは、伝説《でんせつ》のユニコーン。ほら、あの女《おんな》の子《こ》です。恐《おそ》れを知《し》らない、ユニコーン・ハンター」

「イディス、やめて」

前《まえ》を歩《ある》いていたアグネスが、怒《おこ》った顔《かお》でカメラに振《ふ》りむいた。

「ユニコーンが、驚《おどろ》いて逃《に》げちゃうよ」

「もしほんとうにユニコーンを見《み》つけたら、この動画《どうが》を売《う》って大《おお》もうけしよう」

イディスが近《ちか》くの景色《けしき》をカメラに収《おさ》めていると、いきなりアグネスが駆《か》けだした。

「見《み》て、あそこ！」

アグネスが指《ゆび》さした先《さき》は、滝《たき》だった。滝《たき》つぼの周《まわ》りに、動物《どうぶつ》が群《むら》がっている。

「ここなら、絶対《ぜったい》にユニコーンに会《あ》える！」

アグネスは背負《せお》っていたリュックをおろし、中《なか》に詰《つ》めてあったお菓子《かし》を近《ちか》くの岩《いわ》にぶちまけた。

「ユニコーン、さあおいで！」

「何《なに》、それ？」

イディスが尋《たず》ねると、アグネスは声《こえ》を弾《はず》ませた。

「ユニコーンの餌《えさ》だよ！　さあ！」

アグネスはイディスの腕《うで》を引《ひ》っぱって、大《おお》きな岩《いわ》の陰《かげ》に連《つ》れていった。

「あとは待《ま》つだけだよ」

ドルーの屋敷《やしき》では、いかにしてバルタザールからダイヤを奪《うば》いかえすか、会議《かいぎ》が続《つづ》いていた。

グルーはモニターに、バルタザールの基地《きち》の図《ず》を描《えが》いた。要塞《ようさい》のような三角形《さんかくけい》の建《たて》物《もの》のてっぺんに、ルービック・キューブがのっている。

「これがバルタザールの基地《きち》だ。たいしたことなさそうに見《み》えるが、最先端《さいせんたん》のハイテク武器《ぶき》で武装《ぶそう》されてる。侵入《しんにゅう》するのは不可能《ふかのう》だと考《かんが》えられている」

「ふうん、でも僕《ぼく》らにはケーキを盗《ぬす》むくらい簡単《かんたん》なことだろ？」

リクライニング・チェアに座《すわ》ったドルーが言《い》った。椅子《いす》の背《せ》を倒《たお》して脚《あし》を伸《の》ばし、すっかりくつろぎムードだ。グルーが厳《きび》しい顔《かお》で、モニターから振《ふ》りかえった。

「これは、キャンディを盗《ぬす》むのとは、わけがちがうんだぞ」

グルーが手《て》にしたスイッチを押《お》すと、モニター上《じょう》の基地《きち》が三次元《さんじげん》になり、輝《かがや》いた。

「ワオッ」

ドルーは目《め》をまるくすると、椅子《いす》の横《よこ》からポップコーンの入《はい》った容器《ようき》を取《と》り、ムシャムシャ食《た》べはじめた。

「どんな空《そら》からの攻撃《こうげき》も、やつのセキュリティ・システムを破《やぶ》ることはできん」

グルーはふたたびスイッチを押《お》した。モニターに飛行機《ひこうき》があらわれて基地《きち》を攻撃《こうげき》したが、ミサイルに撃《う》ち落《お》とされてしまった。それを見《み》て、ドルーはポップコーンを口《くち》いっぱい頰張《ほおば》ったまま、ぎょっとした。

「だから下《した》から、海面《かいめん》から攻《せ》めるんだ」

グルーはモニターに、ボートの絵《え》を描《えが》いた。そしてモニターをスクロールしていった。基地《きち》の海面《かいめん》すれすれのところから、牙《きば》のような鋭《するど》いものが何本《なんぼん》も突《つ》きでている図《ず》があらわれた。

「これだ。恐《おそ》ろしい棘《とげ》が待《ま》ちかまえている」

モニター上《じょう》では、ボートに乗《の》った人間《にんげん》が、基地《きち》にジャンプしている。が、棘《とげ》に突《つ》きささってしまった。叫《さけ》び声《ごえ》があがる。

「棘《とげ》には毒《どく》が塗《ぬ》ってある。文字《もじ》どおり、頭《あたま》を吹《ふ》っとばす毒《どく》が」

グルーの説明《せつめい》に、ドルーはほっとした顔《かお》になった。

「あー、知《し》っといてよかった」

「それで作戦《さくせん》だが……あんたは、逃走用《とうそうよう》のドライバーだ。悪党《あくとう》モービルで待《ま》ってるんだ」

「なんだって？」

ドルーは椅子《いす》から身《み》を起《お》こした。

「車《くるま》で待《ま》つ？　僕《ぼく》もいっしょに攻撃《こうげき》したいのに」

「ドルー、逃走用《とうそうよう》のドライバーってのは、どんな作戦《さくせん》でもいちばん重要《じゅうよう》な役《やく》なんだ」

グルーは身《み》ぶりをまじえて、懸命《けんめい》に説明《せつめい》した。

「どんなにつらい任務《にんむ》か、あんたにわかるか？　何《なに》もせず、何《なん》にも触《さわ》らず、ひたすら待《ま》つんだ。アドレナリンが体《からだ》じゅうを駆《か》け巡《めぐ》っているというのに、ただ待《ま》つ。やれるか？」

「ああ、しかたない。やるよ」

ドルーはため息《いき》をつき、椅子《いす》の背《せ》に深々《ふかぶか》ともたれた。

「よし。俺《おれ》はキューブによじのぼり、そこから侵入《しんにゅう》する」

グルーがモニターの基地《きち》の上部《じょうぶ》を丸《まる》で囲《かこ》むと、ルービック・キューブがモニターから浮《う》きでた。スイッチを押《お》すと、ピースのひとつが光《ひか》った。

「中《なか》に入《はい》ったら、俺《おれ》はダイヤを探《さが》す。バルタザール・ブラットは手《て》ごわい相手《あいて》だ。簡《かん》単《たん》にはいかない」

「僕《ぼく》たちが組《く》めば、大丈夫《だいじょうぶ》さ」

ドルーは椅子《いす》の脇《わき》のボタンを押《お》した。ドルーの両側《りょうがわ》に、フィギュアが二体《にたい》あらわれた。片方《かたほう》は白《しろ》いスーパースーツにマスク姿《すがた》、一方《いっぽう》は黒《くろ》いスーパースーツにマスク姿《すがた》だ。

ドルーが自慢《じまん》げに言《い》った。

「パパの悪党《あくとう》スーツ。これがあれば、無敵《むてき》だ」

「おお、すばらしい！」

グルーは感心《かんしん》した。

「俺《おれ》は黒《くろ》のスーツにする」

ふたりとも、それぞれのスーツに身《み》を包《つつ》んだ。グルーが叫《さけ》んだ。

「よし、作戦開始《さくせんかいし》だ！」

16

ピンポーン！　ドルーの家《いえ》の玄関《げんかん》のチャイムが鳴《な》った。

「はーい」

ルーシーが出《で》た。ドアをあけると、ベレー帽《ぼう》をかぶった小太《こぶと》りの少年《しょうねん》がいた。この前《まえ》のチーズ祭《まつ》りで、誰《だれ》にもチーズを受《う》けとってもらえず、しかたなくマーゴがチーズをもらってあげた少年《しょうねん》だ。ブタを脇《わき》に抱《かか》えている。

「こんにちは。マルゴのお母《かあ》さんですよね？　ぼくはニコ。マルゴとの婚約《こんやく》の証《あかし》にブタを持《も》ってきました」

ニコはブタを差《さ》しだした。ブヒー。ブタが鳴《な》いた。

「アハハハ、マジで？」

ルーシーは笑《わら》った。そこにマーゴがあらわれた。

「どうしたの？」

「この子《こ》、覚《おぼ》えてる？」

ルーシーはニコを指《ゆび》さした。

「やあ、ぼくのハニー」

ニコはマーゴに顔《かお》を寄《よ》せて、キスをしようとした。

「ちょっと、待《ま》って」

やだ、何《なに》するの？　マーゴはあわてて、ニコから離《はな》れた。が、ニコはその腕《うで》をつかんで、手《て》にキスするではないか。

「その子《こ》、あなたと婚約《こんやく》してるんですって」

ルーシーのことばに、マーゴはギョッとした。

「なんですって？　婚約《こんやく》なんかしてないわ！」

マーゴはあわてて腕《うで》を引《ひ》っこめて、ルーシーの背後《はいご》に隠《かく》れた。ルーシーはニコにかがみこむと、優《やさ》しく語《かた》りかけた。

「ねえ、ニコ。あなたはすごくいい子《こ》みたいだし、ブタもかわいいわ。でも、婚約《こんやく》はしていない。わかった？　婚約《こんやく》はなしよ」

ニコは悲《かな》しそうにうつむいた。

「わかりました。ぼくは、なんてバカだったんだろう。ぼくみたいな不細工《ぶさいく》が、女神《めがみ》のようなマルゴと釣《つ》りあうわけないのに」

ニコはそこで片手《かたて》を差《さ》しだし、もう一方《いっぽう》の手《て》を胸《むね》に置《お》いた。

「でも、誓《ちか》うよ。きみのことは忘《わす》れない、マルゴ。永遠《えいえん》に」

そう言《い》ってがっくりと地面《じめん》に膝《ひざ》をつき、そのまま地面《じめん》を這《は》いながら去《さ》っていった。

「……えっと、わたしも決《けっ》して忘《わす》れないわ」

マーゴは後《あと》ずさりながら、ニコに声《こえ》をかけた。

「バイバイ、ニコ……ふう、変《へん》な子《こ》ね」

ルーシーは手《て》を振《ふ》り、玄関《げんかん》のドアを閉《し》めた。マーゴは両腕《りょううで》を組《く》んで、むっつりしている。

「ああ、恥《は》ずかしかった。そもそも、あの子《こ》のチーズなんて、食《た》べなきゃよかった。あなたの言《い》うこと、聞《き》かなきゃよかった」

誰《だれ》にもチーズを受《う》け取《と》ってもらえないニコを見《み》かねて、ルーシーがマーゴを強引《ごういん》に行《い》かせたのだった。

「そうね」

ルーシーはマーゴに近《ちか》づいた。まさか、こんなことになるなんて、ルーシーも夢《ゆめ》にも思《おも》っていなかった。

「でも、もう終《お》わったのよ、マーゴ」

そのとき、ドアをノックする音《おと》が響《ひび》いた。ニコがあきらめきれずに戻《もど》ってきたのだろうか？ ルーシーはため息《いき》をついて、ドアをあけた。その瞬間《しゅんかん》、息《いき》を呑《の》んだ。

怖《こわ》い顔《かお》をした中年《ちゅうねん》の女《おんな》の人《ひと》が赤《あか》ん坊《ぼう》を片手《かたて》に抱《かか》え、立《た》っている。そのうしろにニコもいる。

「あんた！ うちの子《こ》の婚約《こんやく》ブタを断《ことわ》ったって？」

「え？」

ルーシーとマーゴは、玄関先《げんかんさき》でまごついた。なんで母親《ははおや》が？

「あんたとあんたの娘《むすめ》も、苦《くる》しんで死《し》ぬがいい。そしてタマネギといっしょに墓《はか》に入《はい》れ！」

呪《のろ》いのことばをまくし立《た》てると、ニコのお母《かあ》さんはペッと唾《つば》を吐《は》いた。腕《うで》に抱《かか》えた赤《あか》ん坊《ぼう》も、それに合《あ》わせて唾《つば》を吐《は》いた。

マーゴは青《あお》ざめて、ルーシーの腕《うで》をつかんだ。

「いい加減《かげん》にしなさいよ。わたしの娘《むすめ》に呪《のろ》いをかけるなんて、許《ゆる》せない！　いい？　マーゴを困《こま》らせるなら、黙《だま》ってないわ。言《い》っておくけど、わたしを敵《てき》に回《まわ》したら、怖《こわ》いわよ！　わかった？」

ルーシーはニコの母親《ははおや》の胸倉《むなぐら》をつかんだ。その剣幕《けんまく》に、ニコの母《はは》はひるんだ。

「わ、わかった」

それだけ言《い》うと、母親《ははおや》はニコの手《て》を引《ひ》いて逃《に》げていった。フリードニア語《ご》でぶつぶつ文句《もんく》を言《い》いながら。

ルーシーは玄関《げんかん》のドアを閉《し》めた。

「ねぇ、マーゴ……」

と、話《はな》しかけようとすると、それをさえぎるようにマーゴが抱《だ》きついてきた。そしてすぐ去《さ》っていった。

「やったあ！」

ルーシーは両手《りょうて》でガッツポーズをした。ついに、マーゴが娘《むすめ》らしいことをしてくれた。こんなうれしいことが、あろうか？

「グルーに言《い》わなくっちゃ！」

いそいそと廊下《ろうか》を走《はし》っていきながら、ふと窓《まど》の外《そと》を見《み》ると、悪党《あくとう》モービルに乗《の》ったグルーとドルーが、海上《かいじょう》を走《はし》っていくところだった。

森《もり》の中《なか》では、岩《いわ》の陰《かげ》でイディスがすっかり退屈《たいくつ》していた。アグネスは、相変《あいか》わらず熱心《ねっしん》に、滝《たき》つぼを見《み》つめている。

「ねえ、もう帰《かえ》らない？」

あくびまじりに、イディスは言《い》った。アグネスが振《ふ》りかえった。

「え、もう？　あと二時間《にじかん》待《ま》ってよ」

「暗《くら》くなる前《まえ》に帰《かえ》らなくちゃ」

アグネスはため息《いき》をついた。

「おかしいな。あのおじさんの言《い》うとおりにしてるのに」

「そのおじさんって、みんなに笑《わら》いものにされてた人《ひと》？」

イディスは尋《たず》ねた。

「そう。なんでだろう」

「ねえ、アグネス。もしかしたら……」

イディスが言《い》いかけると、アグネスにさえぎられた。

「シッ！」

カサカサ、草《くさ》の揺《ゆ》れる音《おと》がする。

もしかしたら、ユニコーン⁉

アグネスは興奮《こうふん》した。こんなに心《こころ》がふるえたことはない。

「う～～～!!!　あたしはこの瞬間《しゅんかん》のために生《い》きてきたんだ」

アグネスとイディスは、そっと岩《いわ》から顔《かお》を出《だ》した。イディスはカメラを構《かま》えている。

草《くさ》から白《しろ》い動物《どうぶつ》が姿《すがた》をあらわし、鳴《な》いた。

「メエエ〜」

ヤギだった。が、アグネスにはユニコーンにしか見《み》えない。

「ユニコーンだ!!!」

アグネスは岩《いわ》かげからとびだすと、ヤギに駆《か》けより、抱《だ》きついた。

「信《しん》じられない！　ラッキーって名前《なまえ》にしよう」

ヤギは、アグネスの顔《かお》をペロペロなめた。

「やだ、ラッキーったら。やめてよ」

アグネスは大喜《おおよろこ》びだ。その様子《ようす》を見《み》て、イディスは両腕《りょううで》を組《く》んで、つぶやいた。

「あ〜あ。夢《ゆめ》を壊《こわ》すのは、ほかの誰《だれ》かにしてもらおう」

17

グルーとドルーを乗《の》せた悪党《あくとう》モービルは、海上《かいじょう》を走《はし》っていった。運転席《うんてんせき》には黒《くろ》いスーパースーツ姿《すがた》のグルー、助手席《じょしゅせき》には白《しろ》いスーパースーツ姿《すがた》のドルーがいる。やがて、行《ゆ》く手《て》にバルタザールの基地《きち》が見《み》えてきた。

ドルーが叫《さけ》んだ。

「気分《きぶん》は最高《さいこう》だぜ！」

三角形《さんかくけい》の建物《たてもの》のてっぺんに、ルービック・キューブがのっている。あの中《なか》にダイヤが……グルーの胸《むね》は高鳴《たかな》った。

「僕《ぼく》たち兄弟《きょうだい》が押《お》し入《い》ってダイヤを盗《ぬす》んだら、世界《せかい》でいちばん金持《かねも》ちで、いちばん強《きょう》力《りょく》な悪党《あくとう》になれる！　だろ、兄弟《きょうだい》？」

ドルーはすっかり舞《ま》いあがっている。

「え？　あ、ああ」

グルーは不安《ふあん》だった。バルタザールは、ひと筋縄《すじなわ》ではいかない敵《てき》だ。簡単《かんたん》にはダイヤを奪《うば》いかえせないことは、グルー自身《じしん》よくわかっていた。

でも、もしうまくいったら……。グルーの頭《あたま》に妄想《もうそう》が湧《わ》いてきた。


『ブラヴォー！』

反悪党同盟《はんあくとうどうめい》のあたらしい会長《かいちょう》、ヴァレリーがグルーにとびつく。

『すばらしい活躍《かつやく》よ。自分《じぶん》の目《め》が節穴《ふしあな》だったことが残念《ざんねん》だわ。あんな無礼《ぶれい》な態度《たいど》を取《と》ってごめんなさいね。あなたは紳士《しんし》だった』

そんなヴァレリーを突《つ》きとばしてやる場面《ばめん》、続《つづ》いてルーシーの顔《かお》が浮《う》かんできた。

『やったわね！　あなたのおかげで、わたしたち仕事《しごと》に戻《もど》れる！』


いかん、いかん。妄想《もうそう》に浸《ひた》ってる場合《ばあい》じゃない！　グルーは頭《あたま》を振《ふ》った。運転席《うんてんせき》で立《た》ちあがり、ドルーに言《い》った。

「行《い》ってくる。運転《うんてん》をまかせる」

ドルーは助手席《じょしゅせき》から運転席《うんてんせき》に身《み》を乗《の》りだしてハンドルを握《にぎ》り、ぼやいた。

「なあ、なんで僕《ぼく》もいっしょに行《い》っちゃいけない？」

「そのことなら、もう話《はなし》はついたはずだろ？　今《いま》さら計画《けいかく》は変《か》えられない」

「わかったよ」

不満顔《ふまんがお》のドルーを無視《むし》して、グルーは運転席《うんてんせき》の赤《あか》いボタンを押《お》した。ビューッ！

グルーの体《からだ》がミサイルのように、悪党《あくとう》モービルからとびあがった。

基地《きち》に近《ちか》づくと、グルーは左腕《ひだりうで》の時計《とけい》の文字盤《もじばん》を回転《かいてん》させた。『伸《の》びる、隠《かく》れる、浮《う》かぶ、引《ひ》っつく』と、次々《つぎつぎ》に表示《ひょうじ》があらわれた。よし、〝引《ひ》っつく〟で行《い》くぞ！

建物《たてもの》と平行《へいこう》にとびあがっていたグルーは、途中《とちゅう》で基地《きち》の壁《かべ》に足《あし》をつけた。スーパースーツの足《あし》は吸《す》いつくようになっているのだ。〝引《ひ》っつく〟は成功《せいこう》だ！　そのままピタピタと壁《かべ》をのぼっていった。ここまでは、順調《じゅんちょう》だ。

「ハハッ」

笑《わら》った瞬間《しゅんかん》、横《よこ》の壁《かべ》に、何《なに》か白《しろ》いものがビシャッと引《ひ》っついた。うん？　横《よこ》を見《み》ると、白《しろ》いスーパースーツ姿《すがた》のドルーではないか。なんだ、こいつ？　待《ま》ってろと言《い》っておいたのに。

「よう、兄弟《きょうだい》」

ドルーは陽気《ようき》に声《こえ》をかけた。

「なんだ？　あんたはボートの中《なか》で待《ま》ってるはずだろ？」

「それ、本気《ほんき》で言《い》ってたと思《おも》わなかったんだ」

「本気《ほんき》じゃなかったら、なんなんだ？」

グルーはカッとなった。

「しかたない。行《い》くしかない。黙《だま》って俺《おれ》のあとについてこい」

「わかった、兄弟《きょうだい》」

しかし次《つぎ》の瞬間《しゅんかん》、ドルーの体《からだ》はひっくりかえり、ズズッと壁《かべ》を滑《すべ》り落《お》ちていく。このまま いったら、毒《どく》の棘《とげ》に刺《さ》さってしまう！　ドルーの恐怖《きょうふ》に満《み》ちた悲鳴《ひめい》がひびく。

「うわあ、助《たす》けて～～～！　串刺《くしざ》しにされちゃう!!!」

が、間一髪《かんいっぱつ》のところで、ドルーの落下《らっか》は止《と》まった。

「助《たす》かった！」

ドルーはほっとした声《こえ》で叫《さけ》んだ。

やれやれ、グルーはため息《いき》をついた。

「ミニオンが恋《こい》しいぞ」

ミニオンなら、グルーの手足《てあし》となって働《はたら》いてくれる。ドルーはただの足手《あしで》まといにしかならない予感《よかん》がする。けれど、自分《じぶん》のせいで、ミニオンたちは脱走《だっそう》してしまったのだ。我慢《がまん》するしかないだろう。

グルーはのぼりつづけた。

ドルーもひっくりかえった姿勢《しせい》のまま、背中《せなか》を壁《かべ》につけて、手足《てあし》を使《つか》ってよじのぼっていった。先《さき》に頂上《ちょうじょう》まで行《い》っていたグルーが、ルービック・キューブの下部《かぶ》に足《あし》をつけて逆《さか》さづりになったまま、手《て》を伸《の》ばした。

「ほれ、手《て》を出《だ》せ」

言《い》われたとおり、ドルーは手《て》を伸《の》ばした。もう少《すこ》しで手《て》が届《とど》くというそのとき、頭《ず》上《じょう》のキューブからミサイルが出現《しゅつげん》。ドルーを狙《ねら》った。

「ひゃあ〜〜〜！」

ドルーは背中《せなか》を壁《かべ》に押《お》しつけた。全身《ぜんしん》から汗《あせ》がふきでる。ミサイルの先端《せんたん》が、じりじりとドルーに迫《せま》る。さらに、黒《くろ》い装置《そうち》も頭上《ずじょう》からおりてきた。グルーが叫《さけ》ぶ。

「スキャンカメラだ。早《はや》く、カモフラージュ・モードにしろ！」

ドルーは必死《ひっし》に手首《てくび》の時計《とけい》をいじくった。危《あや》ういところでカモフラージュ（隠《かく》れ）・モードが作動《さどう》し、ドルーのスーパースーツは、壁《かべ》と同《おな》じ色《いろ》になった。だが、マスクから出《で》ている目《め》と口《くち》はそのままだ。

「そのまま動《うご》くんじゃないぞ。目《め》を閉《と》じ、口《くち》を手《て》で隠《かく》せ！」

ドルーはグルーに言《い》われたとおりにした。壁《かべ》と見《み》わけがつかなくなったそのとき、ジジジ、とカメラが素通《すどお》りしていった。

助《たす》かった。カメラに感知《かんち》されずにすんだのだ。ミサイルも引《ひ》っこんだ。ふうっ、ドルーは肝《きも》がつぶれそうだった。こんな思《おも》いをするなら、グルーに言《い》われたとおり、ボートで待《ま》っていればよかった。

「よし、手《て》を出《だ》せ」

もう一度《いちど》、グルーが言《い》った。ドルーがその手《て》を握《にぎ》ると、グルーはドルーの体《からだ》を引《ひ》っぱりあげようとした。が、重《おも》くてなかなか引《ひ》きあげられない。空中《くうちゅう》で、ドルーの体《からだ》がブラブラ揺《ゆ》れる。

このままでは、いっしょに落《お》ちてしまう。グルーは、ドルーの体《からだ》をキューブに放《ほう》りなげた。ドルーの足《あし》がキューブに吸《す》いつき、体《からだ》が逆《さか》さづりになった。グルーはその体《からだ》に抱《だ》きついたまま、キューブの下部《かぶ》の端《はし》まで移動《いどう》していった。


グルーとドルーはキューブの下部《かぶ》から、頭上《ずじょう》を見《み》あげていた。さて、どうやってキューブの上部《じょうぶ》まで行《い》くか？

グルーは両手《りょうて》のひらのボタンを押《お》した。と、グルーの背中《せなか》がふくらんでいく。

「ついてこい」

グルーはそのままとんでいった。ドルーもボタンを押《お》した。が、ふくらんだのは背《せ》中《なか》ではなく、腹《はら》だった。あわてて両手《りょうて》で腹《はら》を押《お》さえると、今度《こんど》はスーパースーツのお尻《しり》のほうが大《おお》きく風船《ふうせん》のように、まるくふくらみ、そこから手足《てあし》が突《つ》きでた格好《かっこう》になった。

どうしたらいいかわからずにポンポン弾《はず》んでいると、ドルーの体《からだ》は宙《ちゅう》に舞《ま》っていった。

「ウワア！」

一方《いっぽう》、グルーはすでにキューブの上部《じょうぶ》に着《つ》いていた。キューブの壁面《へきめん》にレーザーで円《えん》を描《えが》き、足《あし》で蹴《け》ると、ぽっかり穴《あな》があいた。グルーがその中《なか》に入《はい》ろうとしたまさにそのとき、ウギャー！　悲鳴《ひめい》とともにドルーがとんできて、グルーの上《うえ》に着地《ちゃくち》した。

ふたりはいっしょに穴《あな》に落《お》ちていった。

床《ゆか》に着地《ちゃくち》すると、ドルーはあえいだ。

「おまえの言《い》ったとおり、ボートで待《ま》ってりゃよかった。胃《い》がむかむかする。ホルモンを食《た》べすぎたからにちがいない」

グルーは、しょげているドルーの肩《かた》に手《て》を置《お》いた。

「落《お》ちつけ、ドルー。心配《しんぱい》いらない。俺《おれ》がついてるんだから」

ふたりは狭《せま》い通風孔《つうふうこう》に入《はい》り、手首《てくび》の時計《とけい》の地図《ちず》モードを確認《かくにん》して這《は》って歩《ある》いた。

「行《い》くぞ。こっちだ」先《さき》を行《い》くグルーが声《こえ》をかけた。

18

「ルリボラ、ルリボラ」

刑務所《けいむしょ》に収監《しゅうかん》されているミニオンのメルが、仲間《なかま》を集《あつ》めて命令《めいれい》をした。メルのことばを聞《き》くと、みんなパッと散《ち》っていった。

「ゴーゴー」

メルはハッパをかけた。実《じつ》は脱獄《だつごく》の計画《けいかく》を練《ね》っていたのだ。

観察室《かんさつしつ》では、監視員《かんしいん》がデスクに足《あし》をのせ、扇風機《せんぷうき》の風《かぜ》を浴《あ》びながら、何台《なんだい》もの監視《かんし》

カメラのモニターを見《み》ていた。するすると扇風機《せんぷうき》が外《そと》に引《ひ》っぱられていったが、監視《かんし》員《いん》は何《なに》も気《き》づかなかった。

トイレでは、個室《こしつ》のドアが次々《つぎつぎ》あいて、便器《べんき》がトコトコ出《で》てきた。便器《べんき》の中《なか》にミニオンが一匹《いっぴき》ずつ隠《かく》れていたのだ。集《あつ》まった便器《べんき》をミニオンたちが数《かぞ》えていると、今度《こんど》はバスタブが逆《さか》さになって運《はこ》ばれてきた。

ヨイショ！　かけ声《ごえ》とともに、バスタブがひっくりかえり、中《なか》から三匹《さんびき》のミニオンがあらわれた。

ミニオンたちは、次々《つぎつぎ》と刑務所《けいむしょ》の備品《びひん》を盗《ぬす》みだした。便器《べんき》、バスタブ、洗濯機《せんたくき》、乾《かん》燥機《そうき》がチョコマカと廊下《ろうか》を進《すす》んでいく。監視《かんし》カメラに見《み》つかりそうになると、危《あぶ》ない！　ピタリと止《と》まり、カメラが動《うご》くと、また動《うご》きだした。

グイーン！　刑務所《けいむしょ》内《ない》の作業場《さぎょうば》で、ミニオンたちは盗《ぬす》んだ備品《びひん》を解体《かいたい》して、モーターや羽《はね》を取《と》りだしていた。

その横《よこ》では、囚人服《しゅうじんふく》を作《つく》る縞模様《しまもよう》の布《ぬの》を、一匹《いっぴき》のミニオンがジョキジョキはさみで切《き》っていた。別《べつ》のミニオンは、ゴーグルでその手《て》もとを照《て》らしている。と、感電《かんでん》し、目《め》から光《ひかり》が出《で》た。切《き》った布《ぬの》を、ほかのミニオンたちがチクチク縫《ぬ》っていく。

広《ひろ》い作業室《さぎょうしつ》のあちこちで、脱獄《だつごく》のための準備《じゅんび》が着々《ちゃくちゃく》と進《すす》んでいた。洗濯機《せんたくき》にはプロペラが取《と》りつけられ、ミニオンたちが縫《ぬ》った布《ぬの》は飛行船《ひこうせん》の船体《せんたい》になった。

やった！　ついに脱獄用《だつごくよう》の飛行船《ひこうせん》ができた！

脇《わき》にタラップが取《と》りつけられ、みんなはトコトコのぼっていった。

ロングヘアのかつらをかぶって客室乗務員《きゃくしつじょうむいん》になったミニオンが前《まえ》に立《た》ち、安全確認《あんぜんかくにん》の解説《かいせつ》をした。操縦席《そうじゅうせき》にはメルがいて、思《おも》いきり、操縦桿《そうじゅうかん》を引《ひ》いた。

「アーハハハ！」

さあ、出発《しゅっぱつ》だ。プロペラが回《まわ》りはじめた。

一匹《いっぴき》のミニオンが刑務所《けいむしょ》の屋上《おくじょう》にいて、両手《りょうて》にライトを持《も》ち、飛行船《ひこうせん》を誘導《ゆうどう》している。

「ゴーゴー」

飛行船《ひこうせん》はそのミニオンを置《お》いて、飛《と》び去《さ》ってしまった。

「バディ、バディ」

ミニオンは、あわてて叫《さけ》んだ。

バルタザールの基地内《きちない》で通風孔《つうふうこう》を進《すす》んでいたグルーは、上《うえ》にハッチがあることに気《き》づいた。

「この上《うえ》みたいだ」

「どうすればいい？　ここで待《ま》ってようか？」

と、ドルー。

「いや、いっしょに来《こ》い」

グルーはそろそろとハッチをあけ、中《なか》から出《で》た。が、体《からだ》がふくらんだドルーは、うまく出《で》ることができない。しかたないな。グルーはドルーの手《て》をつかんで、体《からだ》を引《ひ》っぱりあげた。

ふうっ。ドルーは近《ちか》くにあったソファらしきものに腰《こし》をおろすと、ひと息《いき》ついた。

グルーが息《いき》を呑《の》んだ。ドルーが座《すわ》っているのはソファではなく、ベッドだった。しかも、バルタザールが寝《ね》ているではないか！　アイマスクで目《め》を覆《おお》い、ダイヤを抱《かか》えて。

「ベッドからおりろ！」

グルーはささやいた。え、ベッド？　ドルーはきょろきょろし、ギョッとした。バルタザールだ！　ドルーはあわてて、ベッドからとびおりた。

バルタザールは何《なに》も気《き》づかず、グーグー眠《ねむ》っている。

「ムニャムニャ……アカデミーに感謝《かんしゃ》します」

と、寝言《ねごと》を言《い》いながら。アカデミー賞《しょう》を取《と》った夢《ゆめ》でも見《み》ているらしい。

グルーは、バルタザールが抱《だ》いているダイヤに手《て》を伸《の》ばした。

「手伝《てつだ》うよ」

ドルーも手《て》を伸《の》ばしたが、グルーにさえぎられた。

「よせ。あんたは余計《よけい》なことするな」

「なんで？　僕《ぼく》だって役《やく》に立《た》てる……」

ふたりで揉《も》みあっているうちに、ドルーがうっかり床《ゆか》に置《お》かれた音《おと》の出《で》るゲーム機《き》を踏《ふ》んでしまった。メロディが流《なが》れた。バルタザールが、ハッと起《お》きあがる。が、アイマスクをしているため、何《なに》がどうなっているのか、わからない。

「なんだ？　どうした？　どこだ？　誰《だれ》だ？　誰《だれ》かいるのか？」

そのとき、枕《まくら》もとの時計《とけい》が十一時《じゅういちじ》を表示《ひょうじ》し、大音量《だいおんりょう》で音楽《おんがく》が流《なが》れた。バルタザールはすっくと立《た》ってアラームを止《と》めた。

その隙《すき》に、グルーはドルーを連《つ》れてベッドの下《した》にもぐりこんだ。バルタザールはアイマスクをはずし、ダイヤを置《お》いて、ベッドからおりた。そのまま鼻歌《はなうた》を口《くち》ずさみながら、窓辺《まどべ》に向《む》かう。グルーはベッドの下《した》からそろそろと、ダイヤに向《む》かって手《て》を伸《の》ばした。

その瞬間《しゅんかん》、バルタザールが振《ふ》りむいた。グルーはサッと手《て》を引《ひ》っこめた。

「おっと、忘《わす》れるところだった」

バルタザールはベッドに戻《もど》ると、ダイヤを抱《かか》えて部屋《へや》から出《で》ていった。

チッ、もうちょっとのとこだったのに。グルーはベッドの下《した》から転《ころ》がりでた。

19

グルーが先《さき》に立《た》ち、基地内《きちない》の廊下《ろうか》を歩《ある》いていた。うしろからドルーが、ビクビクしながらついてくる。グルーは「シー！　こっちだ」とドルーに指示《しじ》しながら、手《て》にしたライトで、壁《かべ》を照《て》らした。壁一面《かべいちめん》に、箱《はこ》に入《はい》ったフィギュアが並《なら》んでいる。その昔《むかし》、大人気《だいにんき》だった悪党《あくとう》ブラットのフィギュアだ。

「こんなガラクタみたいなもの買《か》うのは、バルタザール本人《ほんにん》だけだな」

グルーはバカにした口調《くちょう》で言《い》い、そのまま立《た》ち去《さ》ろうとした。が、ドルーはうれしそうに箱《はこ》からフィギュアを取《と》りだした。

「僕《ぼく》も昔《むかし》、これ持《も》ってた！」

うれしそうに遊《あそ》びながらフィギュアのスイッチを入《い》れると、

「ピピピンピン！　ピピピンピン！」

音声《おんせい》が流《なが》れ、フィギュアの頭《あたま》からレーザー光線《こうせん》が発《はっ》せられた。光線《こうせん》をもろに目《め》に浴《あ》び、ドルーは一瞬《いっしゅん》、目《め》が見《み》えなくなり、フィギュアを放《ほう》りなげた。

「おい、静《しず》かにしろ。早《はや》く来《こ》い」

グルーが声《こえ》をかけた。ドルーは周囲《しゅうい》がよく見《み》えないまま、ヨタヨタとグルーのあとを追《お》いかけた。

床《ゆか》に落《お》ちたフィギュアの目《め》が、怪《あや》しく光《ひか》った。が、前《まえ》を行《い》くふたりは気《き》づかなかった。

次《つぎ》にふたりが入《はい》ったのは、ガム工場《こうじょう》だった。ベルトコンベアにのり、次々《つぎつぎ》にガムが流《なが》れていく。巨大《きょだい》なガラスの容器《ようき》の中《なか》は、ピンクのガムでいっぱいだ。

グルーは足音《あしおと》を忍《しの》ばせて、工場内《こうじょうない》を歩《ある》いた。

「いいぞ、もう少《すこ》しだ。これから先《さき》は全神経《ぜんしんけい》を集中《しゅうちゅう》させていけよ」

けれどドルーは、ガムに惹《ひ》きつけられていた。

「おーガム」

ベルトコンベアからガムを取《と》ろうとすると、グルーがぴしゃりと言《い》った。

「集中《しゅうちゅう》しろ！　俺《おれ》たちの目的《もくてき》はダイヤだ。ガムじゃない！」

「わかったよ！」

ドルーはムッとして、わざとドスドスと歩《ある》いた。そして隙《すき》を見《み》て、ガムをひとつ口《くち》に放《ほう》りこんだ。うまい！

ガム工場《こうじょう》を抜《ぬ》けていくと、巨大《きょだい》な作業場《さぎょうば》のような場所《ばしょ》が見《み》えてきた。足場《あしば》が組《く》まれ、コンピューターがいくつも並《なら》んでいる。

「こっちだ」

グルーとドルーは作業場《さぎょうば》に忍《しの》びこみ、物陰《ものかげ》に身《み》をひそめた。バルタザールはふたりに背《せ》を向《む》け、ダイヤを手《て》にしたまま、何《なに》かを見《み》つめている。

「さあ。いよいよダイヤを嵌《は》めこむときがきた」

と言《い》って、風船《ふうせん》ガムをふくらませ、パチンと割《わ》った。

バルタザールのやつ、何《なに》をする気《き》だ？　グルーは物陰《ものかげ》からそっと顔《かお》を出《だ》した。その目《め》がまるくなる。

バルタザールの視線《しせん》の先《さき》には、巨大《きょだい》な悪党《あくとう》ブラットのロボットがそびえ立《た》っていたのだ。

「見《み》ろよ、クライヴ。すばらしいだろ？」

バルタザールは、相棒《あいぼう》に話《はな》しかけた。

グルーが息《いき》を呑《の》んでいると、うしろからドルーがツンツン肩《かた》をつついた。

「静《しず》かにしろ！　やつに気《き》づかれる」

グルーは怒《おこ》って振《ふ》りかえった。ドルーが口《くち》を両手《りょうて》で押《お》さえ、身《み》もだえしている。口《くち》の中《なか》でガムがふくらんでいて、息《いき》ができないのだ。押《お》さえた手《て》の指《ゆび》の隙間《すきま》から、ふくらんだガムが出《で》てくる。

まったく、なんて役立《やくた》たずなんだ！

「吐《は》きだせ、吐《は》きだすんだ！　だから、よけいなことはするなと言《い》ったのに」

グルーはドルーの口《くち》からはみ出《だ》したガムを引《ひ》っぱった。うぐっ。残《のこ》ったガムが喉《のど》につかえ、ドルーはむせた。

『シンニュウシャ、シンニュウシャ！』

クライヴが、グルーたちのいる方向《ほうこう》を指《ゆび》さした。グルーはドルーの背中《せなか》から胸《むね》に両《りょう》腕《うで》を回《まわ》し、圧迫《あっぱく》してガムを喉《のど》から出《だ》そうとしているところだった。そこに、

「動《うご》くな、まぬけめ！」

バルタザールが、ふたりに銃《じゅう》を向《む》けた。グルーだけでなく、ドルーもいるのを見《み》て、驚《おどろ》いたようだった。

「グルー、増殖《ぞうしょく》したのか？　楽《たの》しみが倍《ばい》になったぜ」

そのとき、スポッ！　ドルーの喉《のど》につかえていたガムが口《くち》から出《で》て、バルタザールに命中《めいちゅう》。バルタザールは、壁《かべ》に跳《は》ねとばされた。

「ワオッ！」

ガムが見《み》る見《み》るうちにふくらんで、バルタザールの体《からだ》をすっぽり包《つつ》み、壁《かべ》に張《は》りつけた。

よし、今《いま》だ！　グルーは駆《か》けより、バルタザールの手《て》からダイヤを奪《うば》った。

「俺《おれ》のダイヤを返《かえ》せ！」

バルタザールは怒鳴《どな》り、命令《めいれい》した。

「基地《きち》を完全《かんぜん》に閉鎖《へいさ》しろ！」

グルーはドルーを引《ひ》っぱって。その場《ば》から逃《に》げた。バルタザールはガムで壁《かべ》にはりつけにされ、身動《みうご》きできないでいる。

「ブラット軍団《ぐんだん》、出動《しゅつどう》！」


グルーとドルーは廊下《ろうか》を走《はし》った。壁一面《かべいちめん》に飾《かざ》られた悪党《あくとう》ブラットのフィギュアが箱《はこ》からとびだし、ふたり目《め》がけてとんでくる。ドルーは悲鳴《ひめい》をあげた。

「ア～捕《つか》まっちゃう！」

グルーはダイヤを抱《かか》えたまま、ちらっと振《ふ》りかえった。大量《たいりょう》のブラットフィギュアが迫《せま》ってくる。急《いそ》がないと！　この廊下《ろうか》を通《とお》りぬけさえすれば、逃《に》げられるはずだ。が、そのとき、廊下《ろうか》の端《はし》の天井《てんじょう》から扉《とびら》がおりてきた。先端《せんたん》が、ギザギザになっている。ドルーがダイヤを持《も》って先《さき》にとびだし、グルーはギリギリのところで体《からだ》を滑《すべ》らせ外《そと》に出《で》た。フウッ。間一髪《かんいっぱつ》のところで逃《に》げられた！　フィギュアたちが閉《し》まったドアにぶつかる音《おと》がひびいた。

ふたりは建物《たてもの》から突《つ》きでている板《いた》の上《うえ》にいた。下《した》を見《み》て、ドルーはまたも悲鳴《ひめい》をあげた。

「オーノー！」

グルーの叫《さけ》び声《ごえ》を聞《き》いて、ドルーはパニックに陥《おちい》った。

「オーノーってどういう意味《いみ》だ？　僕《ぼく》たち死《し》ぬのか？　死《し》ぬのか？」

ドルーはグルーにしがみついたまま、後《あと》ずさった。ふたりののった台《だい》が、するすると建物《たてもの》に戻《もど》っていく。足場《あしば》がどんどん狭《せま》くなっていく。まずい、このままだと落《お》ちちゃうぞ！

ついに、足場《あしば》が完全《かんぜん》になくなった。ふたりは手《て》をつないだまま、まっすぐ落《お》ちていった。棘《とげ》に刺《さ》さったら、一巻《いっかん》の終《お》わりだ。ああ、ダメだ！　刺《さ》さっちゃう！

覚悟《かくご》を決《き》めた瞬間《しゅんかん》。グルーの体《からだ》がフワッと持《も》ちあがった。尻《しり》にゴムの吸引器《きゅういんき》がスポッとはまり、そこからワイヤーが伸《の》びている。

どういうことだ？　空《そら》を見《み》ると、ピンクのヘリコプターがいる。

「グルーたち、つかまって！」

ヘリコプターの窓《まど》からルーシーが身《み》を乗《の》りだし、叫《さけ》んだ。

ルーシー、助《たす》けにきてくれたのか！　グルーの体《からだ》に力《ちから》が湧《わ》いた。ワイヤーに引《ひ》っぱられ、ふたりは無事《ぶじ》ヘリコプターの後部座席《こうぶざせき》に乗《の》りこんだ。ルーシーは基地《きち》からとんでくるミサイルをよけながら、巧《たく》みに操縦《そうじゅう》していく。

「見《み》ろ、ダイヤを奪《うば》いかえしたぞ！」

グルーは、ダイヤを持《も》ったまま、ルーシーの横《よこ》の席《せき》に移《うつ》った。

「このダイヤを反悪党同盟《はんあくとうどうめい》に持《も》っていこう。そうしたら、また仕事《しごと》に戻《もど》れる！」

グルーはいそいそして言《い》った。

「なんですって？　それはすばらしい考《かんが》えだわ。同《おな》じ職場《しょくば》だと、わたしに内緒《ないしょ》で悪《わる》だくみできないしね。そうでしょ、ハニー？」

ルーシーは手《て》を伸《の》ばし、グルーの肩《かた》をギュッとつねった。

「いい？　わかった？」

「ハ、ハイ。わかりました」

グルーはうめいた。ドルーは納得《なっとく》していない様子《ようす》で、むっつり黙《だま》っている。

20

ドルーの屋敷《やしき》の上空《じょうくう》にさしかかると、格納庫《かくのうこ》の屋根《やね》があき、ヘリコプターはそのまおりていった。

ルーシーが勢《いきお》いよくドアをあけ、操縦席《そうじゅうせき》からとびおりた。

「娘《むすめ》たちを呼《よ》んでくる。それからすぐ荷造《にづく》りよ。いいニュースを伝《つた》えなくっちゃ。アー！　捜査官《そうさかん》の仕事《しごと》に戻《もど》れるのよ。うれしい！」

「ああ、娘《むすめ》たちに教《おし》えてやれ」

ルーシーが小走《こばし》りで去《さ》り、ヘリコプターの前《まえ》に、ダイヤを抱《かか》えたグルーとドルーが残《のこ》った。ドルーが思《おも》いつめた顔《かお》で言《い》った。

「ダイヤを戻《もど》すのは反対《はんたい》だ。せっかく盗《ぬす》んだのに」

ドルーはグルーからダイヤを奪《うば》おうとした。

「戻《もど》さないといけないんだ」

グルーはダイヤを持《も》つ手《て》に、力《ちから》を込《こ》めた。

「ダメだ！」

「僕《ぼく》によこせ！」

ふたりは揉《も》みあった。グルーがダイヤを離《はな》しそうにないとわかると、ドルーはグルーの足《あし》を蹴《け》った。

「イテッ、どうしちまったんだ？」

「おまえこそ、どうした？」

「俺《おれ》を蹴《け》ったな！」

「そっちこそ、僕《ぼく》に嘘《うそ》をついたじゃないか！」

ドルーが拗《す》ねたような顔《かお》になった。

「ほんとのことを言《い》っておいてもよかったんだが、あんたは弱虫《よわむし》だから、言《い》わないほうがいいと思《おも》ったんだ。そういうこと。俺《おれ》は帰《かえ》る」

グルーはダイヤを手《て》にしたまま、背《せ》を向《む》けた。ドルーが声《こえ》を張《は》りあげた。

「おまえにダイヤを持《も》ってく権利《けんり》はない。僕《ぼく》だっていっしょに盗《ぬす》んだんだから」

グルーの足《あし》が止《と》まった。

「いっしょに？　こいつは大笑《おおわら》いだ」

と言《い》って、ドルーに振《ふ》りかえった。

「あんたは何《なに》もしてないじゃないか。俺《おれ》の足手《あしで》まといになってばかりで。ダイヤは俺《おれ》のものだ」

「へえ、そうかい。少《すく》なくとも僕《ぼく》は仕事《しごと》をクビになんか、なってない。負《ま》け犬《いぬ》じゃない」

負《ま》け犬《いぬ》、ということばに、グルーはカチンときた。

「少《すく》なくとも、俺《おれ》は働《はたら》いてた。あんたは何《なに》かしたことあるか？　何《なに》か成《な》しとげたことは？　教《おし》えてやろうか？　何《なに》もない。パパに落《お》ちこぼれと思《おも》われるのも、無理《むり》はない」

ドルーは息《いき》を呑《の》んだ。

「もうおまえとは、兄弟《きょうだい》でもなんでもない！」

「ああ、結構《けっこう》」

ドルーは、その場《ば》に立《た》ちつくしていた。

さて、ミニオンたちを乗《の》せた飛行船《ひこうせん》では、

「アラジカラノトラジダ～♪」

一匹《いっぴき》のミニオンが、ウクレレを弾《ひ》いて歌《うた》っていた。みんなも声《こえ》をそろえて合唱《がっしょう》したが、その声《こえ》は暗《くら》かった。一階席《いっかいせき》の狭《せま》い空間《くうかん》にぎっしり詰《つ》めこまれ、身動《みうご》きもできない状態《じょうたい》だからだ。

「アシシケバ～タカクセラボトラジダ～♪」

飛行船《ひこうせん》の二階席《にかいせき》。こちらは広《ひろ》くて快適《かいてき》だ。そこにいるミニオンたちは元気《げんき》よく、楽器《がっき》を弾《ひ》いたり、踊《おど》ったり、楽《たの》しそうにしている。下《した》から聞《き》こえてくる暗《くら》い歌声《うたごえ》に合《あ》わせて、みんなは威勢《いせい》よく歌《うた》った。

「アラジカラノトラジダ〜!!　アシシケバ〜タカクセラボトラジダ〜!!」

ゆらゆら、飛行船《ひこうせん》は空《そら》を舞《ま》っていく。


ふたたび、ドルーの屋敷《やしき》。

グルーが血相《けっそう》を変《か》えて、ドアをあけた。先《さき》ほどのドルーとのやり取《と》りで、まだ怒《いか》りがおさまらないのだ。

「キャッ、キャッ」

部屋《へや》の中《なか》ではアグネスの笑《わら》い声《ごえ》が響《ひび》いている。白《しろ》い動物《どうぶつ》と戯《たわむ》れている。

「グルーさん、ユニコーンを見《み》つけたよ！　生《う》まれてきて、よかった！」

ユニコーン？　そいつはヤギじゃないか。グルーはため息《いき》をつき、近《ちか》くの階段《かいだん》に腰《こし》をおろした。

「アグネス……それは本物《ほんもの》のユニコーンじゃない」

「え？」

アグネスの目《め》がまるくなる。

「……でも、角《つの》が一本《いっぽん》あるよ」

「ごめんな、アグネス」

グルーはアグネスを抱《だ》きあげた。

「残念《ざんねん》だけど、これはただのヤギだ。人生《じんせい》にはときどき、こういうことがある。ユニコーンが欲《ほ》しいのに、ヤギだったってことが」

「……そうなの？」

アグネスは視線《しせん》を落《お》としてから、グルーを見《み》あげた。

「でも、ラッキーは広《ひろ》い世界《せかい》でいちばんいいヤギなんだよ。顔《かお》を見《み》て！　ぎゅっと抱《だ》きしめたくなっちゃう」

アグネスは階段《かいだん》をとびおり、ラッキーを抱《だ》きしめた。

21

「フッフー♪」

ハミングしながら、ルーシーが階段《かいだん》をおりてきた。グルーに近《ちか》づくと、

「これ、わたしが運《はこ》ぶわ」

と言《い》って、ダイヤを手《て》にした。

「あなたって、ワル〜い子《こ》ちゃん！　残《のこ》りのスーツケースはお願《ねが》いね」

ルーシーはグルーの頰《ほお》を軽《かる》く叩《たた》くと、三姉妹《さんしまい》に声《こえ》をかけた。

「さ、みんな、行《い》くわよ」

ドルーの屋敷《やしき》の滑走路《かっそうろ》に、飛行機《ひこうき》が待《ま》っていた。子《こ》どもたちとともに飛行機《ひこうき》に乗《の》りこむと、ルーシーは内側《うちがわ》からしっかり施錠《せじょう》し、みんなに背《せ》を向《む》けた。手《て》にはダイヤを抱《かか》えたままだ。

「みんな、計画変更《けいかくへんこう》よ。家《いえ》に帰《かえ》る代《か》わりに、行《い》き先《さき》は……」

そこで身《み》をかがめ、顔《かお》から何《なに》かを剥《は》ぎとった。

「行《い》き先《さき》は、ハリウッドだ！」

振《ふ》りかえったその顔《かお》は、なんとバルタザールだった。ゴムマスクでルーシーに変装《へんそう》していたのだ。

「ヒッ」

三姉妹《さんしまい》は息《いき》を呑《の》んだ。アグネスは、連《つ》れてきたラッキーを抱《だ》きしめた。

「これが演技力《えんぎりょく》ってもんさ！　ハハハ」

バルタザールは機内《きない》の通路《つうろ》を駆《か》けていくと、操縦席《そうじゅうせき》にいる相棒《あいぼう》のクライヴに声《こえ》をかけた。

「行《い》くぞ、クライヴ！　巨大《きょだい》ロボットが待《ま》っている！」

ルーシー（実《じっ》は変装《へんそう》したバルタザール）に言《い》われたとおり、グルーが両手《りょうて》に荷物《にもつ》を抱《かか》えていると、どこからかドンドン音《おと》がする。誰《だれ》かが何《なに》かを叩《たた》いているようだ。

クローゼットか？　グルーはクローゼットの扉《とびら》をあけた。なんと、ルーシーがいた！

口《くち》をスカーフで覆《おお》われ、両手《りょうて》をうしろで縛《しば》られている。

グルーがスカーフをはずしてやると、ルーシーは喘《あえ》ぎながら訴《うった》えた。

「バルタザールよ！　あいつが娘《むすめ》たちをさらっていった！」

「なんだと？」

グルーは窓《まど》に駆《か》けよった。飛行機《ひこうき》がとんでいくのが見《み》える。くそっ、手遅《ておく》れだ。どうしたらいい？

その頃《ころ》ドルーは、自分《じぶん》の部屋《へや》でアイスクリームをやけ食《ぐ》いしていた。ポップコーンやスナック菓子《がし》の容器《ようき》が、あちこちに散《ち》らばっている。そこに、グルーとルーシーが、とびこんできた。

「ドルー！」

「あっちに行け！　口《くち》も利《き》きたくない」

ドルーはくるりと背中《せなか》を向《む》け、すすり泣《な》いた。

「娘《むすめ》たちが、バルタザールにさらわれたんだ」

「なんだって？」

ドルーはびっくりして、グルーの顔《かお》を見《み》た。


グルー、ドルー、ルーシーは悪党《あくとう》モービルに乗《の》って、空《そら》をとんでいた。

「俺《おれ》がさっき言《い》ったことだけど……」

「いや、僕《ぼく》のほうこそ……」

と、ドルーがさえぎった。グルーはふたたび続《つづ》けた。

「いいや、俺《おれ》が言《い》いすぎた。すまない」

「僕《ぼく》こそ、ごめん。グルー」

ふたりのやり取《と》りを聞《き》いて、ルーシーは感激《かんげき》した。やっぱり双子《ふたご》なのね。喧嘩《けんか》をし

ても、すぐ仲直《なかなお》りできるなんて。温《あたた》かいことばをかけようとして、ルーシーは、

「アッ、前《まえ》を見《み》て」

と、声《こえ》を張《は》りあげた。

「なんだ、あれは？」

前方《ぜんぽう》に、縞模様《しまもよう》の飛行船《ひこうせん》が浮《う》かんでいたのだ。ミニオンたちの自作《じさく》の飛行船《ひこうせん》だ。操縦席《そうじゅうせき》では、メルがいびきをかいて、うたた寝《ね》をしている。一匹《いっぴき》のミニオンが、悪党《あくとう》モービルに気《き》づいた。

「ナ、ナカナ！」

ミニオンは注意《ちゅうい》したが、遅《おそ》かった。衝突《しょうとつ》する！　全員《ぜんいん》、ギュッと目《め》を閉《と》じた。もちろん、悪党《あくとう》モービルにグルーが乗《の》っていることなど知《し》らない。

危《あぶ》ない！　すんでのところで、グルーは飛行船《ひこうせん》をよけた。

「なんだ、ありゃ？」

グルーは振《ふ》りかえった。

「メル!?」

その顔《かお》に、メルが気《き》づいた。

「グ、グルー？」

メルは大急《おおいそ》ぎで、飛行船《ひこうせん》の向《む》きを変《か》えた。あの空飛《そらと》ぶ車《くるま》に追《お》いつかなくっちゃ！

「グルー！」

メルは叫《さけ》んだ。

22

ここは海辺《うみべ》の遊園地《ゆうえんち》。海《うみ》に突《つ》きでた桟橋《さんばし》の上《うえ》に観覧車《かんらんしゃ》やジェットコースターがあり、楽《たの》しそうな笑《わら》い声《ごえ》が響《ひび》いている。そんなのどかな雰囲気《ふんいき》をぶち壊《こわ》すようなものが、海《うみ》から出現《しゅつげん》した。

巨大《きょだい》な悪党《あくとう》ブラットのロボットが、ズンズンとあらわれ、ノッシノッシと歩《ある》きだし

たのだ。

「キャー!」

「ワー!」

遊園地《ゆうえんち》にいた人々《ひとびと》は、あわてて逃《に》げだした。

「ハハハ!」

ロボットの中《なか》で操縦《そうじゅう》していたバルタザールは、高笑《たかわら》いをした。その横《よこ》には、相棒《あいぼう》のクライヴもいる。

「ハロー、ハリウッド! 前《まえ》よりビッグになって戻《もど》ってきたぜ!」

ロボットからバルタザールの声《こえ》が響《ひび》く。ロボットの胸《むね》の小窓《こまど》からは、三姉妹《さんしまい》が怯《おび》えた顔《かお》で外《そと》を見《み》ている。

「こわ〜い!」

アグネスがマーゴに抱《だ》きついた。

チャイニーズシアターはハリウッド大通《おおどお》りに面《めん》しており、俳優《はいゆう》たちのサインや手形《てがた》、足形《あしがた》が前庭《まえにわ》に刻《きざ》まれていることで有名《ゆうめい》だ。

今《いま》も、ひとりのスターが手形《てがた》をつけているところだった。

「みんな、ありがとう！」

スターがうれしそうに言《い》ったそのとき、周囲《しゅうい》の人々《ひとびと》がぎょっとした顔《かお》になった。大《おお》通《どお》りを歩《ある》いてくる、巨大《きょだい》な悪党《あくとう》ブラットのロボットに気《き》づいたのだ。みんないっせいに悲鳴《ひめい》をあげ、逃《に》げていった。

スターは手形《てがた》をつけている最中《さいちゅう》なので、地面《じめん》に手《て》がくっついて離《はな》れない。

「みんな、待《ま》って！　僕《ぼく》を置《お》いていかないで！　僕《ぼく》はスターなんだぞ！」


バルタザールは操縦桿《そうじゅうかん》を握《にぎ》りながら、クライヴに命令《めいれい》した。

「クライヴ、大砲《たいほう》の準備《じゅんび》をしてくれ」

ロボットの巨大《きょだい》な肩《かた》パッドが開《ひら》いて、中《なか》から大砲《たいほう》があらわれた。ビューン！　大砲《たいほう》から撃《う》ちだされるガムがあちこちにとびかい、着弾《ちゃくだん》したとたんにピンクのガムが大《おお》きくふくらむ。

「ハハハ！　こいつを食《く》らえ！」

バルタザールは大喜《おおよろこ》びで、次々《つぎつぎ》に発射《はっしゃ》していく。巨大《きょだい》なロボットとふくらんだガムで、通《とお》りはすっかりパニック状態《じょうたい》だ。

イディスが小窓《こまど》を叩《たた》いて、わめいた。

「こら、つんつんヘア。ここから出《だ》せったら！」

「オー、心配《しんぱい》するな、小娘《こむすめ》ども。最前列《さいぜんれつ》の席《せき》を用意《ようい》してあるから」

たちまち、小窓《こまど》があいた。

「ワ〜、落《お》ちちゃう！」

小窓《こまど》が斜《なな》めに傾《かたむ》いたため、三人《さんにん》はずるずると滑《すべ》り、ロボットの手《て》のひらに落《お》ちた。

ロボットは三人《さんにん》を、高層《こうそう》ビルの狭《せま》いでっぱりにのせた。マーゴとイディスは必死《ひっし》に壁《かべ》にしがみついたが、ヤギのラッキーを抱《だ》いたアグネスが足《あし》を滑《すべ》らせてしまった。

「キャア！」

マーゴとイディスはそれぞれ片腕《かたうで》を伸《の》ばし、アグネスを引《ひ》っぱりあげた。フウ、助《たす》かった。

ロボットからバルタザールの声《こえ》が響《ひび》いた。

「今度《こんど》も俺《おれ》の勝《か》ち、グルーの負《ま》けだ。じゃあな、ショーを楽《たの》しんでくれ、小娘《こむすめ》ども」

ノッシノッシと、ロボットは去《さ》っていった。

街《まち》のあちこちで、ピンクのガムが大《おお》きくふくらんでいる。それを見《み》て、三姉妹《さんしまい》は息《いき》を呑《の》んだ。

グルーたちの悪党《あくとう》モービルが、ハリウッドに近《ちか》づいた。ピンクのふくらんだガムを見《み》て、グルーが叫《さけ》んだ。

「なんだ、あれは?」

ルーシーは、気《き》もそぞろだ。

「ああ、娘《むすめ》たちが無事《ぶじ》だといいんだけど」

バルタザールの巨大《きょだい》ロボットに、ドルーが気《き》づいた。

「あそこにバルタザールがいる！ 九時《くじ》、いや三時《さんじ》の方角《ほうがく》だ。左《ひだり》にいるぞ！」

ドルーは、ハッとした顔《かお》になった。

「テレビで見《み》たことある！　風船《ふうせん》ガムで街全体《まちぜんたい》をくるんで、宇宙《うちゅう》にとばすってやつだ！」

それを聞《き》いて、ルーシーはますます焦《あせ》った。

「グルー、急《いそ》いで！」

巨大《きょだい》なロボットは、〝ハリウッド〟と記《しる》されたアルファベットを踏《ふ》みつぶしながら、歩《ある》いていく。

「ハッハハハ〜！」

ロボットの中《なか》から、バルタザールの邪悪《じゃあく》な笑《わら》い声《ごえ》が轟《とどろ》く。とうとうハリウッドに仕《し》返《かえ》しをしてやったぜ！

「今《いま》だ！　今《いま》だ！　ライト！　カメラ！　レーザー！」

バルタザールは息巻《いきま》いた。操縦席《そうじゅうせき》のボタンを押《お》すと、ロボットの額《ひたい》から、レーザー光線《こうせん》が発《はっ》せられた。ガムの大砲《たいほう》にレーザー光線《こうせん》。人々《ひとびと》は、さらにおののいた。いったい、どこに逃《に》げたらいい？

23

「いた、あそこよ！」

ルーシーが、高層《こうそう》ビルの壁《かべ》のでっぱりにしがみついている三姉妹《さんしまい》を発見《はっけん》した。悪党《あくとう》モービルは、ビルに近《ちか》づいた。

「わたしが行《い》く！　あなたたちはバルタザールを捕《つか》まえて！」

ルーシーは悪党《あくとう》モービルのフロント部分《ぶぶん》に移《うつ》った。グルーは、びっくりした。

「待《ま》て、何《なに》をする気《き》だ？」

エイヤッ！　ルーシーは悪党《あくとう》モービルからとびおり、ふくらんだガムを次々《つぎつぎ》にとびこえていった。

「見《み》て、ルーシーだよ！」

マーゴが叫《さけ》ぶと、イディスが手《て》を振《ふ》った。

「ルーシー、こっちだよ！　助《たす》けて！」

「ママが助《たす》けに行《い》くわ、娘《むすめ》たち！」

ルーシーは今《いま》や、すっかり母親《ははおや》になりきっていた。大事《だいじ》な娘《むすめ》たちのピンチを救《すく》いにいかない親《おや》があろうか？　待《ま》っててちょうだい！　絶対《ぜったい》に助《たす》けてみせる！


次々《つぎつぎ》に破壊《はかい》されていく街《まち》を見《み》て、バルタザールは、すっかりご機嫌《きげん》だった。

「レーザー攻撃《こうげき》もうまくいってるな。計画《けいかく》が順調《じゅんちょう》だと、気分《きぶん》がいいぜ」

『ア〰〰！　グルーデス、グルーデス！』

クライヴが甲高《かんだか》い声《こえ》で叫《さけ》び、悪党《あくとう》モービルを指《さ》した。

「なんだと？」

バルタザールは、操縦席《そうじゅうせき》から身《み》を乗《の》りだした。グルーの悪党《あくとう》モービルから、何基《なんき》もミサイルがあらわれた。

「待《ま》ってろよ、バルタザール。八〇年代《ねんだい》にふっとばしてやる！」

グルーはミサイルを発射《はっしゃ》した。ミサイルは、まっすぐロボットに向《む》かっていく。命中《めいちゅう》！　ロボットは、どうっと倒《たお》れた。

「ヒャッホー！　ついにやったぜ！」

ドルーが歓声《かんせい》をあげた。が、倒《たお》れたと思《おも》っていたロボットが、怒《いか》りのうなり声《ごえ》を発《はっ》しながら、むっくりと起《お》きあがった。

「ヤバイ！」

ドルーはあわてたが、グルーは落《お》ちついている。

「心配《しんぱい》するな。ミサイルはまだたくさんある！」

「へなちょこミサイルごときで、俺《おれ》を止《と》められると思《おも》うなよ！」

バルタザールは操縦席《そうじゅうせき》のレバーを倒《たお》した。横《よこ》で、クライヴが不気味《ぶきみ》に笑《わら》った。

「ブラット軍団《ぐんだん》、あのハゲ頭《あたま》を倒《たお》せ！」

ロボット服《ふく》の左右《さゆう》の襟《えり》もとに穴《あな》があき、中《なか》からおびただしい数《かず》の小型《こがた》のブラットフィギュアがとびだしてきた。フィギュアの大群《たいぐん》は、悪党《あくとう》モービルに向《む》かっていくと、グルーとドルーの体《からだ》にまとわりついた。手《て》で追《お》いはらっても、あとからあとからフィギュアが群《むら》がってくる。

「しつこいやつらだな！」

グルーがわめくと、ドルーも悲鳴《ひめい》をあげた。

「ちっこいくせに。シッ、シッ、あっちに行《い》けったら！」

今《いま》や悪党《あくとう》モービルは、すっかりフィギュアに取《と》りかこまれていた。フィギュアは車《しゃ》体《たい》を剥《は》がしたり、エンジンを壊《こわ》したり……やりたい放題《ほうだい》だ。

悪党《あくとう》モービルは黒《くろ》い煙《けむり》を吐《は》きながら、下降《かこう》していった。ピンチだ！　このままでは墜落《ついらく》してしまう！

「急《いそ》いでとびおりろ！」

グルーはドルーに叫《さけ》び、ふたりはジャンプした。

炎上《えんじょう》している悪党《あくとう》モービルを見《み》て、バルタザールは大喜《おおよろこ》びだ。

「やったぜ！」

右手《みぎて》を操縦桿《そうじゅうかん》に置《お》いたまま、左手《ひだりて》でガッツポーズをした。

「見《み》たか、クライヴ？　ふっとんだぞ！　バイバイ、双子《ふたご》たち」

「ウワア～！」

落下《らっか》していたグルーは、途中《とちゅう》ヤシの木《き》に引《ひ》っかかって、それから道路《どうろ》に落《お》ちた。ぴくりとも動《うご》かない。

一方《いっぽう》ドルーは、落《お》ちながら、左手首《ひだりてくび》の時計《とけい》の文字盤《もじばん》をすばやく回《まわ》した。『引《ひ》っつく』のところで文字盤《もじばん》を止《と》めると、巨大《きょだい》ロボットにとびついた。そしてのぼっていった。

よーし、やってやる！　僕《ぼく》だってグルーの双子《ふたご》だ。

24

飛行船《ひこうせん》で悪党《あくとう》モービルのあとを追《お》っていたミニオンたちは、ハリウッドに近《ちか》づいていた。操縦《そうじゅう》していたメルはギョッとした。ふくらんだピンクのガムに、街《まち》が占領《せんりょう》されそうになっている！

「パラマ！　パティヤポタル！」

メルは叫《さけ》んだ。

三姉妹《さんしまい》は、かろうじて高層《こうそう》ビルの壁《かべ》のでっぱりにいた。キャー！　悲鳴《ひめい》があがる。ビルがガムに押《お》されて傾《かたむ》きだしたのだ。

三人《さんにん》はでっぱりから落《お》ちた。マーゴがかろうじて右手《みぎて》一本《いっぽん》で、でっぱりにぶらさがり、左手《ひだりて》でアグネスとイディスを抱《だ》いた。ヤギのラッキーもいっしょだ。ふたりと一《いっ》匹《ぴき》の重《おも》みで、マーゴの右手《みぎて》がずるずる滑《すべ》っていく。

手《て》を離《はな》したら、落《お》ちちゃう！　マーゴは必死《ひっし》で、でっぱりをつかんだ手《て》に力《ちから》を込《こ》めた。長女《ちょうじょ》なんだから、頑張《がんば》らなくっちゃ！


娘《むすめ》たち、持《も》ちこたえて！　ママが助《たす》けにいくから！

ルーシーはふくらんだガムの山《やま》を、次々《つぎつぎ》にとんでいった。心《こころ》は急《せ》いているのに、ガムの表面《ひょうめん》がベトベトしているため、思《おも》うように速《はや》くは足《あし》が動《うご》かない。

やっとのことで、三姉妹《さんしまい》がぶらさがっているビルの下《した》までたどり着《つ》いた。そこから三人《さんにん》がいる階《かい》の下《した》のでっぱりまで、ジャンプ！　背中《せなか》を壁《かべ》につけたまま、移動《いどう》する。

「もう少《すこ》しよ！　しっかりつかまってて、みんな！　助《たす》けにきたわよ！」

ルーシーは声《こえ》を張《は》りあげた。三姉妹《さんしまい》の真下《ました》に行《い》こうとするのだが、ふくらんだガムに邪魔《じゃま》されて、うまく動《うご》けない。エイッ！　ルーシーはガムを手《て》でつぶした。

「もうダメ……手《て》が滑《すべ》ってる」

マーゴが泣《な》きそうな声《こえ》で答《こた》えた。そして、

「ウワア〜〜〜〜!!!」

三人《さんにん》は落《お》ちていった。ルーシーはつぶしたガムの一方《いっぽう》を壁《かべ》のでっぱりにくっつけ、もう一方《いっぽう》を手《て》にしたまま、下《した》にジャンプした。ガムがゴムのようにピーンと伸《の》びる。うまいこと三人《さんにん》をキャッチ！　そのままガムを手《て》にした状態《じょうたい》で、道路上《どうろじょう》におりた。

「ルーシー、ありがとう！」

マーゴが、ルーシーに抱《だ》きついた。ルーシーはうれしかった。やっと娘《むすめ》たちとの絆《きずな》が深《ふか》まった気《き》がする。だが今《いま》は、ぐずぐずしている暇《ひま》はない。

「急《いそ》ぎましょう！　ここにいたら、危《あぶ》ない！」

四人《よにん》がその場《ば》から駆《か》けだした数秒後《すうびょうご》、ぶらさがっていたビルが轟音《ごうおん》とともに地面《じめん》に倒《たお》れた。ルーシーが駆《か》けつけなかったら、三姉妹《さんしまい》はビルから落《お》ちるか、下敷《したじ》きになるかのどちらかだったろう。

まさに、ルーシーの母《はは》としてならではの活躍《かつやく》だった。

ミニオンズの飛行船《ひこうせん》では、メルがみんなに訴《うった》えていた。

「ミニオンズ、エンッパパウラパパキーラ！　ポペルポポ〜！」

そのことばを合図《あいず》に、一部《いちぶ》のミニオンは、黒《くろ》い傘《かさ》を手《て》に飛行船《ひこうせん》からとびだしていった。

「パスタブー！」

かけ声《ごえ》とともにメルが紐《ひも》を弾《ひ》くと、飛行船《ひこうせん》の一階席《いっかいせき》の布《ぬの》がはずれ、そこに詰《つ》めこまれていたミニオンたちが、いっせいに落《お》ちていった。

ふくらんだガムの上《うえ》におりたつと、ミニオンたちは斧《おの》や傘《かさ》の先《さき》、ハンマーなどを使《つか》い、ガムをつぶしにかかった。

ロボットの内部《ないぶ》の操縦室《そうじゅうしつ》では、バルタザールが高笑《たかわら》いをしていた。ハリウッドの街《まち》が滅茶苦茶《めちゃくちゃ》になっていくのが、楽《たの》しくてたまらないのだ。

ざまあみろ、ハリウッド！　かつて俺《おれ》を見捨《みす》てた罰《ばつ》だ。もっと破壊《はかい》してやるぞ！

「ハーハハハハ！」

操縦室《そうじゅうしつ》のモニターに、道路《どうろ》に倒《たお》れているグルーが映《うつ》しだされた。意識《いしき》を失《うしな》っているらしい。

「誰《だれ》かと思《おも》えば、グルーじゃないか」

バルタザールはグルーをやっつけたと知《し》り、にんまり笑《わら》った。

「悪《わる》いな、グルー。これでおまえもまる焼《や》けだ！」

そう言《い》って、両手《りょうて》でレバーを引《ひ》いた。レーザー光線《こうせん》がグルーの倒《たお》れている方向《ほうこう》に近《ちか》づいていく。グルーをレーザーで焼《や》くつもりだ。

ロボットをよじのぼっていたドルーは、グルーのピンチに気《き》づいた。

「ヤバイ！　どうしよう？」

ドルーはスーパースーツの指先《ゆびさき》から器具《きぐ》を出《だ》し、ロボットの胴体《どうたい》に円《えん》を描《えが》いた。ぽっかり穴《あな》があいた。ドルーはその穴《あな》から身《み》を乗《の》りだし、内部《ないぶ》を見《み》た。さまざまなコードが複雑《ふくざつ》に絡《から》みあっていて、何《なに》がなんだか、わからない。どうしたら、レーザーを止《と》められる？

操縦席《そうじゅうせき》では、バルタザールがレバーを握《にぎ》ったまま、おなじみのフレーズを叫《さけ》んでいた。

「僕《ぼく》ちゃん、ワル～い子《こ》ちゃん！」

いよいよグルーの息《いき》の根《ね》を止《と》められる。そう思《おも》うと、ワクワクしてしかたない。興《こう》奮《ふん》が、体《からだ》じゅうを駆《か》けめぐる。

ロボットの額《ひたい》から発《はっ》せられるレーザー光線《こうせん》が、じりじりとグルーに迫《せま》っていく。絶《ぜっ》体《たい》絶命《ぜつめい》だ！

25

ハアハア。ドルーは必死《ひっし》に、ロボット内部《ないぶ》の機械《きかい》をよじのぼっていた。とにかく、一刻《いっこく》も早《はや》く、レーザー光線《こうせん》を止《と》めなくっちゃ。
ドルーは手《て》あたりしだい、コードを引《ひ》っぱり、配電盤《はいでんばん》を殴《なぐ》った。

「僕《ぼく》の兄弟《きょうだい》に手《て》を出《だ》したら、承知《しょうち》しないぞ！」

道路《どうろ》に倒《たお》れていたグルーは、ハッと目《め》を覚《さ》ました。その目《め》がまるくなる。レーザー光線《こうせん》が、自分《じぶん》に迫《せま》ってくるではないか。えらいこっちゃ！　グルーは後《あと》ずさった。

クソッ、クソッ！　ドルーは配電盤《はいでんばん》への攻撃《こうげき》を続《つづ》けていた。グルーを死《し》なせてたまるか！　渾身《こんしん》の力《ちから》で殴《なぐ》ると、ついに配電盤《はいでんばん》が壊《こわ》れた。

光線《こうせん》から身《み》をかわそうとしていたグルーは、ハッとして顔《かお》をあげた。レーザー光線《こうせん》が消《き》えている？　そればかりか、巨大《きょだい》ロボットが動《うご》きを止《と》めている。

操縦室《そうじゅうしつ》ではバルタザールがあわてふためいていた。なんだ、いったい何事《なにごと》だ？　レバーを操作《そうさ》しても、なんの反応《はんのう》もない。やがて、操縦室《そうじゅうしつ》が激《はげ》しく揺《ゆ》れだした。

『ヒエ〜！』

相棒《あいぼう》のクライヴが、悲鳴《ひめい》をあげた。ロボットの内部《ないぶ》では、配電盤《はいでんばん》を壊《こわ》したドルーが、今度《こんど》は電源《でんげん》を引《ひ》きぬこうとしている。こいつさえ、ひっこぬけば……エエイ！　スポッ！　電源《でんげん》が抜《ぬ》けた。やった、やったぞ！

巨大《きょだい》な悪党《あくとう》ブラットロボットが、揺《ゆ》れはじめた。ゆらゆらしながら、やがてドーンと倒《たお》れた。バルタザールの絶叫《ぜっきょう》が響《ひび》く。

ロボットが倒《たお》れた！

「ドルー、今《いま》いくぞ！」

グルーは急《いそ》いで駆《か》けより、ロボットの体《からだ》をよじのぼっていった。と、そこにはバルタザールが立《た》っていた。キーボードの武器《ぶき》を首《くび》からぶらさげている。

「よくも邪魔《じゃま》したな！」

バルタザールは怒《いか》りで顔《かお》をゆがめ、憎々《にくにく》しげに吐《は》きすてた。

「こうなった以上《いじょう》、死《し》んでもらうぞ。言《い》い残《のこ》すことはないか、グルー？」

「言《い》い残《のこ》すこと？　ふたつの単語《たんご》がある。ダンス・バトルだ」

「ゲームの〝ドンキーコング〟みたいだな。楽《たの》しめそうだ！」

バルタザールが笑《わら》った。

キーボードから響《ひび》く音楽《おんがく》に合《あ》わせ、ふたりはステップを踏《ふ》みはじめた。バルタザールに近《ちか》づくと、グルーはパンチを繰《く》りだした。が、バルタザールはひょいと身《み》をかわし、代《か》わりにグルーをキック！　グルーは瓦礫《がれき》と化《か》した巨大《きょだい》ロボットの上《うえ》に倒《たお》れた。

このままでは、やられてしまう！

グルーはずるずると背中《せなか》でずりあがった。バルタザールが踊《おど》りながら近《ちか》づいてきて、尻《しり》でグルーを地面《じめん》にはじきとばした。

「ハッハッハ！」

バルタザールは不気味《ぶきみ》に笑《わら》い、グルーにとびかかろうとした。

「そこまでだ！」

今度《こんど》はグルーが、両足《りょうあし》でキック！　バルタザールの体《からだ》がすっとんでいく。

グルーはロボットの瓦礫《がれき》の上《うえ》に戻《もど》って次々《つぎつぎ》パンチを見舞《みま》うが、相手《あいて》が身軽《みがる》すぎて、かわされてしまう。くっそう！

グルーは左手《ひだりて》でバルタザールのブラシのように立《た》った髪《かみ》をつかむと、片足《かたあし》で相手《あいて》の腹《はら》を蹴《け》った。バルタザールの髪《かみ》が、ぱっくりふたつに分《わ》かれた。それを見《み》て、グルーは嘲笑《あざわら》った。

よくも俺《おれ》の自慢《じまん》のヘアスタイルを！　バルタザールはふたたびステップを踏《ふ》みながら、グルーに近《ちか》づく。右手《みぎて》でパンチを放《はな》ったが、空振《からぶ》り。逆《ぎゃく》にグルーに左手《ひだりて》をつかまれてしまう。

グルーはバルタザールの手《て》を握《にぎ》ったまま、相手《あいて》の体《からだ》をクルクル回《まわ》した。そこに、バルタザールからのキックがとんできた。

「ウッ」

グルーの体《からだ》はすっとばされた。

「ゲーム・オーバーだ！」

バルタザールが怒鳴《どな》った。背中《せなか》のキーボードを取《と》ろうとしたが、いつの間《ま》にか落《お》ちてしまったらしく、どこにも見当《みあ》たらない。バルタザールはきょろきょろした。

「おまえが探《さが》してるのはこれか？」

その声《こえ》にハッと顔《かお》をあげると、なんと、グルーがキーボードの武器《ぶき》を首《くび》からぶらさげている。

バルタザールは息《いき》を呑《の》んだ。グルーはキーボードの先端《せんたん》を敵《てき》に向《む》けると、キーボードを鳴《な》らして光線《こうせん》を放《はな》った。

「やめてくれ！　ギャー！」

バルタザールは光線《こうせん》にとばされていった。途中《とちゅう》で柵《さく》につかまったが、光線《こうせん》の威力《いりょく》にはかなわない。

上半身《じょうはんしん》の服《ふく》が脱《ぬ》げ、次《つぎ》にズボンが脱《ぬ》げ、真《ま》っ裸《ぱだか》になった。柵《さく》から手《て》が離《はな》れ、さらに遠《とお》くにとばされた。落《お》ちたのは。ふくらんだガムの上《うえ》だった。

ガムが気球《ききゅう》のように空《そら》に舞《ま》いあがり、バルタザールはガムにくっついたまま、とばされていった。

「ギャー！　呪《のろ》われろ、グルー！」

今度《こんど》こそ、ほんとうにハリウッドから追放《ついほう》されたのだ。

26

グルーはロボットの瓦礫《がれき》を剥《は》がしながら、ドルーを探《さが》していた。

「ドルー、ドルー」

まさか、ここに埋《う》もれてやしないよな？

そこに、ドルーがグルーの背中《せなか》にとびついた。グルーは大喜《おおよろこ》びで、ドルーを抱《だ》きしめた。

「やったな！」

ドルーが言《い》うと、グルーも言《い》いかえした。

「ああ、やったぞ、兄弟《きょうだい》！」

そのとき、

「グルー！」

「グルーさん！」

ルーシーと三姉妹《さんしまい》が駆《か》けつけてきた。ドルーはイディスを、グルーはルーシーと、マーゴ、アグネスを抱《だ》きしめた。ヤギのラッキーもトコトコ駆《か》けてきた。

みんなが無事《ぶじ》の再会《さいかい》を喜《よろこ》び合《あ》っていると、パチン！　何《なに》かのはじける大《おお》きな音《おと》がした。あちこちでふくらんだガムが、縮《ちぢ》んでいく。

「ウガガ〜」

叫《さけ》び声《ごえ》とともに、次々《つぎつぎ》とミニオンズが空《そら》から降《ふ》ってきた。グルーはメルを抱《だ》きとめた。

「グルー！」

メルがうれしそうに、叫《さけ》んだ。

「お帰《かえ》り、メル」

グルーはぎゅっとメルを抱《だ》きしめた。

「待《ま》ってたぞ」

ヒャッホー！　ミニオンたちは、大喜《おおよろこ》びでとびはねた。

その夜《よる》。満月《まんげつ》が住宅街《じゅうたくがい》のグルーの家《いえ》を明《あか》るく照《て》らしていた。ルーシーは子《こ》ども部屋《べや》のドアをそっとあけ、三姉妹《さんしまい》の様子《ようす》を見《み》た。自宅《じたく》に戻《もど》って安心《あんしん》したのか、みんな、それぞれのベッドで気持《きも》ちよさそうに寝《ね》ている。

ルーシーはアグネスとラッキーに毛布《もうふ》をかけてやった。アグネスが寝返《ねがえ》りを打《う》ち、寝言《ねごと》を言《い》った。

「ウーン。ムニャムニャ。ママ大好《だいす》き」

それを聞《き》いて、ルーシーは胸《むね》が熱《あつ》くなった。子《こ》ども部屋《べや》から出《で》て、つぶやいた。

「ママ……わたしはママなんだ」

うれしくて、叫《さけ》びだしたい気分《きぶん》だった。

地下室《ちかしつ》は、キャーキャーワーワー大騒《おおさわ》ぎだった。グルーやドルーもいっしょになって、ミニオンたちと枕叩《まくらたた》きごっこをしている。

「ゴーゴー、アッハッハ！」

そこにルーシーがあらわれた。

「みんな、寝《ね》る時間《じかん》よ！　明日《あした》の朝《あさ》から仕事《しごと》に戻《もど》るんだから」

「今行《いまい》くよ、ルーシー」

まだ枕叩《まくらたた》きをしながら、グルーが返事《へんじ》をした。

「おやすみ、ルーシー。明日《あした》な、兄弟《きょうだい》」

ドルーが地下室《ちかしつ》の自分《じぶん》のベッドに向《む》かおうとした。グルーが人差《ひとさ》し指《ゆび》を立《た》て、注意《ちゅうい》した。

「俺《おれ》は仕事《しごと》に戻《もど》るんだから、もう悪《わる》さはなしだぞ」

「約束《やくそく》はできないけど、愛《あい》してるよ！」

ミニオンたちと同《おな》じ、土管状《どかんじょう》のベッドにドルーは入《はい》った。

「ムム……俺《おれ》も愛《あい》してるよ」

グルーは照《て》れたように口《くち》にした。それを聞《き》いて、それぞれベッドに入《はい》っていたミニオンたちが、クスクス笑《わら》った。

「さあ、おまえらも寝《ね》ろよ」

グルーは地下室《ちかしつ》を出《で》ていった。しばらくすると、ドルーが自分《じぶん》のベッドから出《で》た。

「おい、みんな！　行《い》くぞ！」

そのことばを待《ま》っていたかのように、ミニオンたちもぞろぞろと起《お》きだし、それぞれ武器《ぶき》を手《て》に取《と》った。


やがて家《いえ》の屋根《やね》がパカッとあき、戦闘機《せんとうき》のようなグルーの車《くるま》がせりあがってきた。家《いえ》が揺《ゆ》れ、グルーは急《いそ》いで玄関《げんかん》からとびだした。

「何事《なにごと》だ？」

一大事《いちだいじ》！　ルーシーもドアの外《そと》に出《で》て、空手《からて》のポーズを取《と》った。空《そら》に浮《う》かぶグルーの愛車《あいしゃ》を見《み》て、ふたりとも息《いき》を呑《の》んだ。

「おい、悪《わる》いことはもうするなと言《い》ったはずだ！」

グルーは怒鳴《どな》った。

「悪《わる》いね、兄弟《きょうだい》。誰《だれ》かが家族《かぞく》の伝統《でんとう》を守《まも》っていかなくちゃ」

空《そら》の上《うえ》からドルーが声《こえ》を張《は》りあげた。そのうしろには、ミニオンが勢《せい》ぞろいしている。

悪事《あくじ》に参加《さんか》できるとあって、みんな大喜《おおよろこ》びだ。

「ドルーを捕《つか》まえましょ！」

ルーシーが、ふたたび空手《からて》のポーズを取《と》った。グルーはルーシーを止《と》めた。

「ルーシー、あいつは俺《おれ》の兄弟《きょうだい》なんだ。五分《ごふん》だけ猶予《ゆうよ》をやろう」

グルーは遠《とお》ざかっていく愛車《あいしゃ》を見《み》つめ、にやりと笑《わら》った。

Shogakukan Junior Bunko

★小学館ジュニア文庫★

怪盗グルーのミニオン大脱走

2017年 7 月17日　初版第１刷発行
2017年11月26日　　　第５刷発行

著者／澁谷正子

発行人／立川義剛
編集人／吉田憲生
編集／油井 悠

発行所／株式会社　小学館
〒101-8001　東京都千代田区一ツ橋２－３－１
電話　編集　03-3230-5105
　　　販売　03-5281-3555

印刷・製本／中央精版印刷株式会社

デザイン／岡崎恵子

Printed in Japan　ISBN 978-4-09-231176-3
http://minions.jp/

★小学館ジュニア文庫★ ワクワク、ドキドキがいっぱいのラインナップ

〈ジュニア文庫でしか読めないオリジナル〉

お悩み解決！ ズバッと同盟 長女VS妹、仁義なき戦い!?

お悩み解決！ ズバッと同盟 おしゃれコーデ、対決!?

緒崎さん家の妖怪事件簿

緒崎さん家の妖怪事件簿 桃×団子パニック！

華麗なる探偵アリス&ペンギン

華麗なる探偵アリス&ペンギン ワンダー・チェンジ！

華麗なる探偵アリス&ペンギン ミラー・ラビリンス

華麗なる探偵アリス&ペンギン サマー・トレジャー

華麗なる探偵アリス&ペンギン トラブル・ハロウィン

華麗なる探偵アリス&ペンギン ペンギン・パニック！

華麗なる探偵アリス&ペンギン ミステリアス・ナイト

華麗なる探偵アリス&ペンギン アリスVS.ホームズ

華麗なる探偵アリス&ペンギン アラビアン・デート

きんかつ！

きんかつ！ 恋する妖怪と舞姫の秘密

ギルティゲーム

ギルティゲーム stage2 無限駅からの脱出

ギルティゲーム stage3 ベルセポネー号の悲劇

銀色☆フェアリーテイル ①あたしだけが知らない街

銀色☆フェアリーテイル ②きみだけに贈る歌

銀色☆フェアリーテイル ③夢、それぞれの未来

ぐらん×ぐらんぱ！ スマホジャック
ぐらん×ぐらんぱ！ スマホジャック ～恋の一騎打ち～
12歳の約束
白魔女リンと3悪魔
白魔女リンと3悪魔 フリージング・タイム
白魔女リンと3悪魔 レイニー・シネマ
白魔女リンと3悪魔 スター・フェスティバル
白魔女リンと3悪魔 ダークサイド・マジック
白魔女リンと3悪魔 フルムーン・パニック

天才発明家ニコ&キャット
謎解きはディナーのあとで
のぞみ、出発進行!!
バリキュン!!
ホルンペッター
さくら×ドロップ レシピ1：チーズハンバーグ
ちえり×ドロップ レシピ1：マカロニグラタン
みさと×ドロップ レシピ1：チェリーパイ
ミラチェンタイム☆ミラクルらみぃ
メデタシエンド。～ミッションはおとぎ話のお姫さま……のメイド役!?～
もしも私が【星月ヒカリ】だったら。
ゆめ☆かわ ここあのコスメボックス

夢は牛のお医者さん
螺旋のプリンセス

〈思わずうるうる…感動ストーリー〉
きみの声を聞かせて 猫たちのものがたり―まぐ・ミクロ・まる―
こむぎといつまでも―余命宣告を乗り越えた奇跡の猫ものがたり―
世界からボクが消えたなら 映画「世界から猫が消えたなら」キャベツの物語
世界から猫が消えたなら
世界の中心で、愛をさけぶ
天国の犬ものがたり～ずっと一緒～
天国の犬ものがたり～わすれないで～
天国の犬ものがたり～未来～
天国の犬ものがたり～夢のバトン～
天国の犬ものがたり～ありがとう～
天国の犬ものがたり～天使の名前～

動物たちのお医者さん
わさびちゃんとひまわりの季節

次はどれにする？ おもしろくて楽しい新刊が、続々登場!!

★「小学館ジュニア文庫」を読んでいるみなさんへ★

この本《ほん》の背《せ》にあるクローバーのマークに気《き》がつきましたか？
オレンジ、緑《みどり》、青《あお》、赤《あか》に彩《いろど》られた四《よ》つ葉《ば》のクローバー。これは、小学館《しょうがくかん》ジュニア文庫《ぶんこ》のマークです。そして、それぞれの葉《は》の色《いろ》には、私《わたし》たちがジュニア文庫《ぶんこ》を刊行《かんこう》していく上《うえ》で、みなさんに伝《つた》えていきたいこと、私《わたし》たちの大切《たいせつ》な思《おも》いがこめられています。

オレンジは愛《あい》。家族《かぞく》、友達《ともだち》、恋人《こいびと》。みなさんの大切《たいせつ》な人《ひと》たちを思《おも》う気持《きも》ち。まるでオレンジ色《いろ》の太陽《たいよう》の日差《ひざ》しのように心《こころ》を暖《あたた》かにする、人《ひと》を愛《あい》する気持《きも》ち。

緑《みどり》はやさしさ。困《こま》っている人《ひと》や立場《たちば》の弱《よわ》い人《ひと》、小《ちい》さな動物《どうぶつ》の命《いのち》に手《て》をさしのべるやさしさ。緑《みどり》の森《もり》は、多《おお》くの木々《きぎ》や花々《はなばな》、そこに生《い》きる動物《どうぶつ》をやさしく包《つつ》み込《こ》みます。

青《あお》は想像力《そうぞうりょく》。芸術《げいじゅつ》や新《あたら》しいものを生《う》み出《だ》していく力《ちから》。立場《たちば》や考《かんが》え方《かた》、国籍《こくせき》、自分《じぶん》とは違《ちが》う人《ひと》たちの気持《きも》ちを思《おも》い、協力《きょうりょく》しあうことも想像《そうぞう》の力《ちから》です。人間《にんげん》の想像力《そうぞうりょく》は無限《むげん》の広《ひろ》がりを持《も》っています。まるで、どこまでも続《つづ》く、澄《す》みきった青《あお》い空《そら》のようです。

赤《あか》は勇気《ゆうき》。強《つよ》いものに立《た》ち向《む》かい、間違《まちが》ったことをただす気持《きも》ち。くじけそうな自分《じぶん》の弱《よわ》い気持《きも》ちに立《た》ち向《む》かうことも大《おお》きな勇気《ゆうき》です。まさにそれは、赤《あか》い炎《ほのお》のように熱《あつ》く燃《も》え上《あ》がる心《こころ》。

四《よ》つ葉《ば》のクローバーは幸《しあわ》せの象徴《しょうちょう》です。愛《あい》、やさしさ、想像力《そうぞうりょく》、勇気《ゆうき》は、みなさんが未来《みらい》を切《き》りひらき、幸《しあわ》せで豊《ゆた》かな人《じん》生《せい》を送《おく》るためにすべて必要《ひつよう》なものです。

体《からだ》を成長《せいちょう》させていくために、栄養《えいよう》のある食《た》べ物《もの》が必要《ひつよう》なように、心《こころ》を育《そだ》てていくためには読書《どくしょ》がかかせません。みなさんの心《こころ》を豊《ゆた》かにしていく本《ほん》を一冊《さつ》でも多《おお》く出《だ》したい。それが私《わたし》たちジュニア文庫編集部《ぶんこへんしゅうぶ》の願《ねが》いです。

みなさんのこれからの人生《じんせい》には、困《こま》ったこと、悲《かな》しいこと、自分《じぶん》の思《おも》うようにいかないことも待《ま》ち受《う》けているかもしれません。どうか「本《ほん》」を大切《たいせつ》な友達《ともだち》にしてください。どんな時《とき》でも「本《ほん》」はあなたの味方《みかた》です。そして困難《こんなん》に打《う》ち勝《か》つヒントをたくさん与《あた》えてくれるでしょう。みなさんが「本《ほん》」を通《つう》じ素敵《すてき》な大人《おとな》になり、幸《しあわ》せで実《みの》り多《おお》い人生《じんせい》を歩《あゆ》むことを心《こころ》より願《ねが》っています。

小学館ジュニア文庫編集部